KLHE *finance*

Über den Autor

Christopher Klein zählt zu den bekanntesten Finanzbuchautoren Deutschlands. Im Alter von 26 Jahren schrieb er, gemeinsam mit Co-Autor Jens Helbig, die ersten beiden Werke »Tag auf Tag im Hamsterrad« und »Der Hamster verlässt das Rad«. Seine Bücher »Nine to five muss nicht sein« (2017) sowie »Ökoethinvesting« (2018) wurden ebenfalls zu Amazon-Bestsellern und in prominenten Finanzmagazinen empfohlen (Bank & Umwelt 11/2018).

Die Finanzliteratur von Christopher Klein unterscheidet sich grundlegend von anderen Werken. Während deutsche Finanzbücher in der Regel trostlos theoretisch oder langweilig neutral sind, ist die Motivation von Klein der Gegenentwurf. In seinen Büchern erklärt er die wahren Probleme und Herausforderungen unserer Zeit in einfachen Worten, und ergänzt diese mit eigenen Erfahrungen, praxisbezogenen Strategien und unmittelbar umsetzbaren Do-It-Yourself-Anleitungen. Sein Motto: »Schluss mit langweiligen Finanzschinken!«.

Die Bücher von Christopher Klein:
Verlag: *https://www.klhe.de*
Amazon: *https://www.amazon.de/-/e/B00LPWD4VY*

Der Autor ist stets offen für Feedback und Rückfragen. Der interessierte Leser kann ihn über die E-Mail-Adresse *ck@klhe.de* kontaktieren.

Die Faulbär- Strategie zur Million

Wie Du mit Indexfonds und ETFs
(auch als Anfänger) intelligent und erfolgreich
investieren kannst und ganz nebenbei Deinen
Bankberater überflüssig machst

2. überarbeitete Auflage

Von Christopher M. Klein

Bibliografische Information der Deutschen Nationalbibliothek

Die Deutsche Nationalbibliothek verzeichnet diese Publikation in der Deutschen Nationalbibliografie; detaillierte Daten sind im Internet abrufbar über: *http://dnb.dnb.de*

Für Fragen und Anregungen:

ck@klhe.de

Die Faulbär-Strategie zur Million

2. überarbeitete Auflage, Januar 2019

© by GbR: Christopher Klein & Jens Helbig

ein Imprint der GbR:

Christopher Klein & Jens Helbig

Hortensienstr. 26

40474 Düsseldorf

Cover & Layout: Stefan Valerio Meister – www.stefanvaleriomeister.de

ISBN-13: 978-3-947061-35-8

Weitere Informationen:

Verlag: *www.klhe.de*

Amazon: *https://www.amazon.de/-/e/B00LPWD4VY*

⊕ Bonus-Material zum Buch

Praxisrelevanz steht in unseren Büchern immer an erster
Stelle. Statt langweilige Theorie erhältst Du von uns praxis-
orientierte Do-It-Yourself-Strategien, die wir selbst getes-
tet und konzipiert haben und daher mit Überzeugung und
guten Gewissens an Dich weitergeben können.

Da uns Deine Entwicklung am Herzen liegt, haben wir jede
Menge Bonusmaterial und praktische Tools auf Lager, um
Dein finanzielles Wissen auszubauen. Trage Dich unbedingt
für unsere kostenlosen Finanz-Updates ein. Neben prakti-
schem Download-Material und tollen Angeboten und Akti-
onen, erhältst Du etwa einmal pro Woche wichtige Tipps
und spannende Praxis-Anleitungen für Deine zeitliche und
finanzielle Freiheit – kostenlos.

Trage Dich jetzt unter folgendem Link ein:
www.klhe.de/finance/bonus

Presse- und Kundenstimmen

Leitartikel im Finanzmagazin Focus-Money (KW 21, 2018, S. 40f.):

»Aller Anfang ist schwer? Von wegen! Christopher Klein beweist das Gegenteil. [...] Mit nur vier ETFs beginnt die Reise zur finanziellen Freiheit. Was ist dafür nötig? Nicht viel! Der Einsteiger-Faulbär braucht nur ein Quäntchen Geduld, ein paar frei verfügbare Euros pro Monat - und natürlich die maßgeschneiderte ETF-Struktur von Christopher Klein.«

Die besten Finanzbücher:

»Vermögensaufbau klingt gut? Viel Zeit und Arbeit zu investieren dafür umso weniger? Die Faulbär-Strategie bietet Dir eine praktische Lösung. Zwei Sachen sind zu beachten: Erstens wirst Du ein Mindestmaß an Arbeit investieren müssen, von ganz alleine kommt kein Geld zu Dir. Zweitens brauchst Du für diese Strategie Geduld. Wenn dies für Dich nach einem guten Deal klingt, dann ist die Faulbär-Strategie von Christopher Klein Dein Buch!.«

WWW.DIE-BESTEN-FINANZBUECHER.DE/DIE-FAULBAER-STRATEGIE-ZUR-MILLION-BY-CHRISTOPHER-M-KLEIN/

4.6 von 5 Sternen bei Amazon (01/2019). Kundenstimmen:

»Tolle und verständliche Zusammenfassung vom ETF Investment.
Vielen Dank an den Autor für dieses tolle Buch! Ich investiere bereits seit einigen Jahren in ETFs und andere Assets, nachdem ich dieses Buch gelesen habe kann ich meine Investmentstrategie neu ausrichten. Viele der praktischen Tipps helfen mir Fehler zu vermeiden bzw. zu korrigieren. Alles in allem kann ich das Buch jedem empfehlen der in ETFs investiert bzw. vor hat zu investieren!«

PETER B.

»Top Buch!
Nun habe auch ich das ganze Thema verstanden! Sehr gut erklärt, verständlich und einfach. Vielen Dank für die Bereicherung!«

BENJAMIN BETH

»Hilfreicher Einstieg ins Thema ETFs.
Der Autor vermittelt Wissen in einfachen Worten, so dass auch der größte An-
fänger etwas lernen kann. Hier weiß tatsächlich jemand wovon er spricht. Abso-
lute Kaufempfehlung für jeden der etwas ansparen möchte.«

Daniel Grosslercher

»Hilfreicher Ratgeber, für alle die mehr aus ihrem Geld machen wollen.
Erstmal ein großes Lob und herzlichen Dank an den Autor. Mit diesem Buch
kann man echt was anfangen! [...] Absolute Kaufempfehlung für Anfänger/Fort-
geschrittene, sollte als Standardwerk in jedem Bücherregal stehen (keine Angst,
dieses Buch wird nicht verstauben, sondern wird als Nachschlagewerk (zumin-
dest von mir) von Zeit zu Zeit aus dem Bücherregal auf meinem Schreibtisch
landen).«

Cornelia Werner

»Motivierend und verständlich.
Für Einsteiger ist das Buch eine kleine Offenbarung. Es ist didaktisch sehr schön
aufbereitet, sodass selbst ein absoluter Leihe wie ich, die Grundsätze des ETF
Handels innerhalb von kurzer Zeit versteht und für sich nutzbar macht. Schöner
Einstieg mit leichten Praxistipps für den Start in die Welt des richtigen Sparens.«

Kevin Kaminski

Inhaltsverzeichnis

104   60 geniale ETFs für Anfänger und Fortgeschrittene

Vorwort

«Holzhacken ist deshalb so beliebt, weil man bei dieser Tätigkeit den Erfolg sofort sieht.«

ALBERT EINSTEIN

Im Hinblick auf Geld ähneln die meisten von uns eher Faulbären als Leoparden. Statt Tag für Tag auf der aktiven und anstrengenden Jagd zu sein, liegen – metaphorisch gesehen – die meisten von uns auf der faulen Haut und kümmern sich wenig bis gar nicht um Geldfragen. Genau deshalb wirkt die Aussicht, sich nebenher und ohne große Mühen ein Vermögen aufzubauen, so utopisch, dass sie in der breiten Gesellschaft kaum diskutiert und nur von ganz wenigen – in der Regel den finanziell Freien – angegangen und umgesetzt wird.

Ganz zur Freude des Staates.

Dieser will schließlich vermeiden, dass eine ganze Generation mit 45 in Frührente geht. Ein Szenario, in dem plötzlich die Hamster für das Hamsterrad knapp werden. Das Hamsterrad, oder auch die Tretmühle, ist der finanzielle Zwang, Tag für Tag für die Träume einer anderen Person zu arbeiten, um mit 65 endlich von einer immer geringer werdenden Rente den Lebensabend zu gestalten. Eine bittere Wahrheit, die zugleich meine zündende Motivation für dieses Buch war.

Dieses Buch ist für alle Faulbären da draußen, die davon träumen, sich unter einer Palme im Liegestuhl zurückzulehnen und auf dem iPad den immer schneller wachsenden Kontostand zu betrachten. Für alle Personen, die den Traum von der »Frührente« oder einem passiven Nebeneinkommen noch nicht aufgegeben haben – und zwar ohne dafür selbst mehr arbeiten zu müssen!

Den Weg, diesen Traum im Faulbär-Modus zu realisieren, entdeckte ich während der Recherchen zu meinem Bestseller »Nine-to-five muss nicht sein!«, im Frühjahr 2017 (1. Auflage). Ich war wie hypnotisiert von der Möglichkeit, mit Indexfonds und ETFs – auf Autopilot und Schritt für Schritt – finanziell frei werden zu können. Zugleich ärgerte ich mich, dass ich diese Option nicht schon sehr viel früher in Erwägung gezogen hatte. Statt jahrelang auf ein Tagesgeldkonto bei einem Prozent Zinsen einzusparen (und damit durch die Inflation in Wahrheit Geld zu verlieren), hätte ich heute bestimmt schon ein Vermögen von mehreren Zehntausend Euro angehäuft – durch automatisierte, kontinuierliche Investitionen. Eine der größten Hürde dieses Lernprozesses lagen für mich darin, zu akzeptieren, dass finanzieller Erfolg an den Finanzmärkten nur auf zwei Wegen erreicht werden kann. Entweder durch häufiges Kaufen und Verkaufen (Spekulation) – ein Spiel, das nur sehr wenige Vollprofis wirklich beherrschen – oder durch Kaufen und Halten von Aktien (Buy and Hold = Investition) über lange bis sehr lange Zeiträume. Die meisten Privatinvestoren versenken dabei ihre Chancen auf den finanziellen Erfolg an der Börse, da sie ein Kuddelmuddel aus Strategie eins und zwei wählen und keinem klaren Plan folgen. Sie sehen sich als Investoren, sind aber eigentlich naive Spekulanten.

In meinen Augen kommt noch ein zweites Hindernis hinzu – mangelnde finanzielle Grundbildung. Obwohl ich sieben Jahre lang Volks- und Betriebswirtschaft studiert habe und zwei Universitätsabschlüsse erwarb, war ich mir selbst als »Master of Science« nicht über die Bedeutung von Vermögensaufbau für meine Zukunft im Klaren. Der Begriff »Meister der Wissenschaft« scheint mir manchmal wie eine Verblendung der Tatsachen. Er mag in theoretischer Hinsicht zutreffen, aber Praxisrelevanz und Praxisbezug unserer heutigen schulischen und akademischen Ausbildung – wahres Wissen durch Erfahrung – geraten immer weiter ins Hintertreffen.

Ich bin mir sicher, dass auch Du eine ähnliche Geschichte hast und einen ähnlichen Traum verfolgst. Sich um seine persönliche finanzielle Situation zu kümmern, und zwar im besten Fall so früh wie möglich, ist spätestens in »Nullzins-Zeiten« wichtiger als je zuvor. Da die meisten Menschen jedoch meinen, sie hätten weder die Zeit, noch das Geld (und schon gar nicht das Hintergrundwissen), um mit minimalen eigenen Anstrengungen vermögend zu werden, nehmen sie es erst gar nicht in Angriff. Dabei ist Vermögensaufbau durch die technologischen Fortschritte der letzten beiden Jahrzehnte schon fast zu einfach geworden.

Du musst weder reich sein, noch Deinen Urlaub opfern, um Frührentner zu werden. Du brauchst nur ein Depot, einen Dauerauftrag, einen ETF und ein paar Euro im Monat. Das ist maximal eine Stunde Aufwand, um Deine finanzielle Zukunft auf Jahrzehnte erfolgreich selbst zu gestalten. Alles, was Du hierfür wissen musst, erfährst Du in diesem Buch.

Klingt schon fast zu schön, um wahr zu sein? Ich wäre vor wenigen Jahren dieser Aussage gegenüber wohl auch noch skeptisch gewesen. Früher habe ich es schlicht für unmöglich gehalten, mit wenig Aufwand große finanzielle Profite zu erzielen. Heute weiß ich aus eigener Erfahrung, dass Faulbären die langfristig sicherste und strategisch sinnvollste Strategie für nachhaltigen Vermögensaufbau wählen.

Auf diesem Weg wünsche ich Dir allen erdenklichen Erfolg und stehe Dir für Fragen wie gewohnt per Email an *ck@klhe.de* zur Verfügung.
Christopher Klein (M. Sc.)

5 Gründe, warum die meisten Privatanleger scheitern

»Es gibt mehr Leute, die kapitulieren, als solche, die scheitern.«
HENRY FORD

Nur wenige Menschen beschäftigen sich in Deutschland wirklich eingehend mit Vermögensaufbau und der finanziellen Absicherung im Alter. Noch weniger verfolgen das Ziel der finanziellen Freiheit (finanziell frei ist in meinen Augen, wer nicht mehr länger auf aktive Arbeit angewiesen ist, um seinen Alltag finanziell bestreiten zu können). Ich frage mich immer wieder, warum das so ist. Dr. Christine Bortenländer, Vorstand des Deutschen Aktieninstituts, hat darauf eine gute Antwort gefunden:

»Leider halten sich bei den Bürgern in Deutschland hartnäckig viele Vorurteile gegenüber den Aktienanlage. [...] Ein Großteil der Bevölkerung glaubt, dass die Aktienanlage kompliziert sei, hohe Risiken berge und nur für Leute mit viel Geld geeignet sei. Dabei verhält es sich mit der Aktienanlage so, wie mit dem Scheinriesen Turtur in den Geschichten von Jim Knopf und Lukas dem Lokomotivführer. Von der Ferne wirkt Turtur riesig und furchteinflößend, doch je näher man ihm kommt, desto kleiner und vertrauenserweckender wird er. Wer sich dem Thema Aktien nähert, wird dieselbe Erfahrung machen. [...] Wer in der Vergangenheit sein Geld in den Deutschen Aktienindex investiert hat, konnte, [...], bei einem Anlagezeitraum von 20 bis 30 Jahren, jährliche Renditen von sechs bis neun Prozent erwirtschaften«.

Aber woher kommen diese Ressentiments gegenüber dem Finanz-markt? Vorurteile fußen schließlich zu einem nicht unwesentlichen Teil zumeist auf Wahrheiten. Und ja, es stimmt. Viele Privatanleger haben mit Investitionen in den Finanzmarkt bzw. Finanzprodukte, die sie meist selbst nicht verstanden (auch, weil sie der Bankberater aus Profitgier oder mangelndem Durchblick empfohlen hat), viel Geld verloren. Und das, obwohl es eigentlich nur der Kenntnis einiger weniger Gesetzmäßigkeiten bedarf, um nicht in dieselbe Falle zu tappen.

Du wirst mit diesem Buch einen Weg kennenlernen, als Privatinves-tor nachhaltig und sicher Vermögen aufzubauen, für den es keines finanz-wirtschaftlichen Studiums bedarf. Damit die Strategie aufgeht, solltest Du Dich von einigen fatalen Fehlern fernhalten und auf einen langfristigen Anlagezeitraum setzen. Nur kurzsichtige Spekulanten versuchen, mit der Methode »billig kaufen und teuer verkaufen«, so viel Geld in so kurzer Zeit wie möglich zu machen. Eine Vorgehensweise, die in 90 Prozent aller Fälle nicht mehr Rendite erzeugt als die Faulbär-Strategie, allerdings sehr viel mehr Risiko – bis hin zum Totalausfall – beinhaltet. Deshalb beginnt dieses Buch mit einer Reihe von Fehlern, die Du unbedingt vermeiden solltest. Es sind Fehler, die nicht nur in wissenschaftlichen Studien besonders häufig genannt werden, sondern auch durch meine eigenen Erfahrungen bestätigt wurden.

1. Setze nicht auf das alternde, vermeintlich sichere Pferd

Die meisten unerfahrenen Privatanleger, und die Deutschen gelten in Geldangelegenheiten als besonders konservativ, lieben es, ihr Geld auf alternde Gäule zu setzen. Sie kaufen Finanzprodukte, die gerade eine Boomphase erleben oder diese gar schon hinter sich haben, in der Hoff-nung, dass sich dieser Trend weiter fortsetzt. Sie hoffen, dass ein in die Jahre gekommener und hoch gejubelter Gaul noch einmal (oder gar mehr-mals) den großen Coup landet. Die Quoten auf einen Sieg sind dementspre-chend niedrig.

Mit dem Phänomen, warum die meisten Privatanleger scheitern, hat sich auch das »American Institute of Economic Research (AIER)« beschäftigt und es in ihrer Veröffentlichung als »skating to where the puck was« (dort Schlittschuhlaufen, wo der Puck bereits war) bezeichnet. Ausschließlich auf Trends und Boomindustrien zu setzen, kann langfristig nachteilig sein. Erfolgreiche Investoren verfolgen eine andere Strategie. Sie sehen sich nach Unternehmen um, die eine einzigartige Geschichte haben. Ein einzigartiges Unterscheidungsmerkmal (Unique Selling Proposition = USP), die es von allen anderen Firmen – selbst jenen die dasselbe Produkt vertreiben – unterscheidet (z. B. Tesla, Apple, Coca Cola, BMW, McDonalds, etc.). Einzigartige Unterscheidungsmerkmale sorgen dafür, dass diese Unternehmen lange an der Spitze bleiben und auch in Krisenzeiten kaum Wert einbüßen.

2. Vermeide die Quengelzone im Finanzmarkt

Wir alle kennen die Quengelzone im Supermarkt. Sie beginnt kurz vor der Kasse und transformiert sogar die liebsten Kinder in Schreihälse. Vollgestopft mit Süßigkeiten und anderen ungesunden »Lebens«mitteln, bedienen sich kluge Marketingabteilungen, kurz vor der Kasse, der Impulsivität und Emotionalität der Kinder. Impulskäufe entstehen, wenn einer Kaufentscheidung keine logisch-rationale Entscheidung zugrunde liegt, sondern uns das spontane Gefühl des »Haben müssens« überwältigt. Impulskäufe sind jedoch häufig teurer und nur selten fundiert. Am Finanzmarkt kann das hohe Verluste erzeugen. Dort werden Impulskäufe häufig durch Trends und Booms, einfach gesagt dem psychologischen Phänomen des Herdentriebs, ausgelöst.

An jedem neuen Wachstumsunternehmen teilzuhaben oder den »Experten« von Börsengurus im Fernsehen zu vertrauen, kann allerdings zu einer Übersättigung der Nachfrage führen und Blasenbildungen fördern. Sobald die Nachfrage ihren Höhepunkt überschritten hat, werden die Kurse nach unten korrigiert. Zum Teil mit großen Verlusten für jene, die zu sehr auf ein Pferd gesetzt haben und verkaufen. Indexfonds und ETFs können diese Gefahren begrenzen.

3. Vermeide kurzfristige Erwartungen!

Wenn man damit beginnt, sich mit Dividendenerträgen, dem Zins und Zinseszins-Mechanismus, oder Aktienkursentwicklungen zu beschäftigen, brennen sich zwei Dollarzeichen in das Augenpaar. Kaum ein Gut ruft mehr positive und negative Emotionen hervor, als Geld. Auf dem Boden der Tatsachen landet man dann meist ziemlich unsanft und bei Finanzinvestitionen mit herben Verlusten.

Dieses Buch zeigt einen Weg, mit strategisch-klugen Investitionen vermögend werden zu können. Über die Ausgestaltung der Parameter, die darüber entscheiden, wie lange das dauert, bestimmst Du jedoch selbst. Ob Du mit klugen und nachhaltigen Investitionen in den Finanzmarkt eher mit einem Fahrrad sicher und langsam auf der Landstraße fährst, oder mit einem Maserati auf der Autobahn Vollgas gibst, dafür bist Du ganz allein verantwortlich.

In diesem Buch strebe ich einen Mittelweg an. Möchten wir Verluste so gut es geht vermeiden und auch unseren aktiven Arbeitszeitanteil möglichst gering halten, ist eine langfristige Anlageperspektive unabdingbar. Das ist für Anfänger und sicherheitsorientierte Menschen der beste Weg, kurzfristige Kursschwankungen sicher zu umschiffen. Unser Ziel ist es, unsere Kapitalströme, bei minimalem bzw. sinkendem zeitlichen Einsatz, sukzessive zu vergrößern. Je nachdem, wieviel Du monatlich sparen kannst bzw. zu sparen bereit bist, und wie hoch Deine Rendite ist, kann dieses Ziel wenige Jahre bis mehrere Jahrzehnte in Anspruch nehmen. Mehr zur Bedeutung der Sparquote für das Ziel der finanziellen Freiheit erfährst Du im Kapitel »Der perfekte Start für Faulbären«.

Bleibe daher bei Deinem neuen Projekt, durch ETFs Vermögen bzw. passives Einkommen zu erzeugen, geduldig und vermeide unrealistische, kurzfristige Erwartungen. Verlasse Dich stattdessen lieber auf die Faktoren Zeit und Zinseszins-Mechanismus. Für Finanz-Anfänger zahlt sich konservatives und diszipliniertes Verhalten übrigens ganz besonders aus, da es die Wahrscheinlichkeit für Verluste auf ein Minimum senkt. Diese Strategie, breit zu investieren und lange zu warten, fällt vielen Menschen aber leider auch besonders schwer.

4. Lege nicht alle Eier in einen Korb!

Alles auf eine Karte zu setzen ist ein beliebter Fehler, den vor allem Anfänger am Finanzmarkt machen. Je mehr Eier Du in einen einzigen Korb legst, umso schlimmer ist es, wenn er Dir herunterfällt. Dieses Risiko wollen wir um jeden Preis vermeiden! Sonst könnte bei wirtschaftlichen Problemen eines Unternehmens oder einer Branche der Großteil unseres Portfolios einen dramatischen Wertverlust erleiden. Diese Gefahr reduzieren wir durch Investitionen in Indexfonds und ETFs. Zudem reduzieren Fondssparpläne, in die man regelmäßig (meist monatlich) Beträge schon ab 25 Euro einsparen kann, das Risiko eines falschen Einstiegszeitpunktes.

Den Vermögensaufbau von Anfang an zu streuen, und sich im Zeitverlauf nicht nur eine, sondern mehrere ETF-Standbeine aufzubauen, ist elementar. Solange Du Dich innerhalb Deiner Investitionen breit aufstellst, wirst Du langfristig sicher Vermögen bzw. stabile, sich stetig vergrößernde passive Einkommensströme generieren.

5. Investiere kein Geld, das Du noch brauchst!

Mit Geld »zu spielen«, das man in absehbarer Zeit benötigt, oder das man im ungünstigsten Fall gar nicht hat, ist der größte Fehler, den man als Teilnehmer am Finanzmarkt begehen kann. Gerade zu Beginn sind die Augen oft größer als der Magen. Man übernimmt sich und investiert Geld, auf das man bei genauerer Betrachtung – und zwar über einen längeren Zeitraum – nicht ohne weiteres verzichten kann. Auch diesen Fehler habe ich schon begangen und musste ihn mit finanziellen Verlusten teuer bezahlen.

An dieser Stelle möchte ich gleich mit einem der größten Börsen Missverständnisse aufräumen. Verluste am Aktienmarkt entstehen erst, wenn man Wertpapiere verkauft oder, was sehr unwahrscheinlich ist, die Aktiengesellschaft selbst pleitegeht. Kursverschlechterungen dürfen daher nicht mit finanziellen Verlusten gleichgesetzt werden. Die meisten Menschen

– und selbst die Medien – verwechseln an dieser Stelle Aktienwert und Investition. Kurzfristige Kursverluste sind somit für Anleger mit langfristigem Anlagehorizont lange nicht so dramatisch, wie sie häufig gemacht werden. Voraussetzung? Man hat die Geduld, Kurseinbrüche auszusitzen und erst dann zu verkaufen, wenn sich das Wertpapier wieder erholt hat. Dafür kann es allerdings keine Gewähr geben – es ist das Restrisiko, das bleibt.

Die wichtigste Regel lautet daher, nur jene Geldbeträge zu investieren, auf die Du auch auf lange Sicht – und im schlimmsten Fall einer Pleite sogar für immer – verzichten kannst.

Kannst Du diese Grundregel nicht einhalten, werden Deine Investitionen zu Spekulationen und Glücksspiel im Kasino. Unkluges Verhalten, das der Gier und dem gefühlten Mangel entspringt. Schaffe Dir daher, parallel zu Deinen Investitionen, Reserven für kurz- und mittelfristige Konsumbedürfnisse, den Jahresurlaub, unvorhergesehene Ausgaben, wie z. B. Reparaturen, Verdienstausfälle, Jobverlust, etc. Reserven begrenzen die Gefahr, dass Du mit Deinem investierten Geld große Verluste erleidest. Diese Reserve sollte mindestens drei Netto-Monatsgehälter betragen und auf einem separaten Konto lagern, dem Du Dich nur in Notfällen bedienst (z. B. Tagesgeldkonto oder ETF-Geldmarktkonto).

Diese fünf Fehler mögen Dir im Augenblick trivial vorkommen. Dennoch möchte ich Dich bitten, Dein Investitionsverhalten regelmäßig zu überprüfen und zu hinterfragen, um auch künftig nicht in eine dieser fünf Fallen zu tappen. Damit stellst Du sicher, dass Dich Deine Investitionen niemals in finanzielle Schwierigkeiten bringen können – die perfekte Voraussetzung, die Faulbär-Strategie in vollem Umfang nutzen zu können.

7 Gründe, warum Du in ETFs investieren solltest

»Preis ist, was Du zahlst, Wert ist, was Du bekommst.«

WARREN BUFFETT

Solange Du die im vorhergehenden Kapitel genannten Fehler vermeidest, könnte theoretisch jeder als Faulbär, mit den in diesem Buch beschriebenen Strategien, Millionär werden. Die Grundlagen, auf der diese Annahmen fußen, möchte ich Dir in diesem Kapitel näherbringen. Seit knapp 15 Jahren beschäftige ich mich nun bereits intensiv mit ihnen. Sowohl während des Bachelor- und Masterstudiums der internationalen Volkswirtschaftslehre, Finanzwirtschaft und Organisationslehre an prominenten Universitäten, als auch privat als Crashtest-Dummy im finanziellen Selbstversuch.

Ich verfolge mit meinen Büchern die Mission, dass sich mehr Menschen um ihre finanzielle Gegenwart und Zukunft kümmern. Aus meiner Sicht ist es nämlich alles andere als wahrscheinlich, dass die heutige Generation unter 30 überhaupt noch eine gesetzliche Rente beziehen wird. Doch genau das sind gerade in Deutschland noch immer Tabuthemen. »Über Geld spricht man nicht«, heißt es. Aber wenn man nicht darüber spricht, wie kann man sich dann jemals genügend Wissen aneignen, um sich nachhaltig und sicher ein Vermögen aufzubauen?

Leider ist es in Deutschland noch immer ein weit verbreitetes Missverständnis, dass es risikoreich sei, Geld in den Finanzmarkt zu investieren.

Stattdessen sehen die meisten Menschen lieber zu, wie ihr hart erarbeitetes Geld von Tag zu Tag an Wert verliert. Der Finanzmarkt ist dem Großteil der Bevölkerung suspekt. Dort tummeln sich, schenkt man der breiten Meinung Beachtung, nur gierige Bankster, Steuerhinterzieher und reiche Unternehmer. Eine Welt, die nichts für »Ottonormalverdiener« und Angestellte ist.

Das ist eine der größten Finanzlügen überhaupt!

Heute sollte es kein Geheimnis mehr sein, dass es sehr viel risikoreicher ist, mit übrigem Geld nichts zu tun. Aber auch dafür erfinden wir Ausreden. Diese habe ich zum Beispiel schon hunderte Male gehört: *»Ich weiß ja, dass es sinnvoll ist, Geld zu investieren, aber es ist mir einfach zu kompliziert, zu anstrengend und außerdem habe ich sowieso keine Zeit mich damit auseinanderzusetzen.«*

Wenn Du Dich darin wiedererkennst, wird Dir dieses Buch die Augen öffnen. Dass 1 Prozent der Weltbevölkerung mehr als 99 Prozent der weltweiten Vermögen besitzt und nur 62 Menschen auf der Erde mehr Vermögen auf sich vereinen, als die ärmere Hälfte der Menschheit (Oxfam-Bericht 2016), kann nicht einfach darauf zurückgeführt werden, dass reiche Menschen kaltblütige Gangster seien oder von unmoralischen Geschäften lebten. Lange bin auch ich diesem polemischen Irrweg gefolgt, bis mich schließlich eine finanzielle Erleuchtung traf, die ich lange nicht wahrhaben wollte.

Das von uns Menschen konstruierte Geld- und Finanzsystem ist der Hauptgrund für ungleich verteilte Vermögen!

Reiche Menschen können in unserem Wirtschafts- und Geldsystem gar nicht anders, als immer reicher zu werden. Das liegt an der einfachen Tatsache, dass Kapital (Geld) allen anderen Gütern und Dienstleistungen im herrschenden Wirtschaftssystem überlegen ist. Es ist das einzige Gut, das gegen alle anderen Güter und Dienstleistungen getauscht werden und sogar aus sich selbst heraus mehr generieren kann.

Die genannten Fehlannahmen führen allerdings dazu, dass nahezu ausschließlich reiche Menschen in Geld- und Finanzmärkte investieren. Und auch ich habe mich lange von diesem Irrglauben zurückhalten lassen. Ich dachte, dass es sich doch erst lohnt, etwas Geld in den Aktienmarkt zu investieren, wenn ich mehrere Tausend, besser sogar mehrere Zehntausend Euro zusammengespart hätte. Dieses vollkommen falsche Denkmuster lange für bare Münze genommen zu haben, bereue ich bis heute. Schließlich war es nicht mehr als eine Ausrede, die ich mir gegenüber mir selbst zurechtgelegt hatte, um – zugegeben – häufig wenig spannende Finanzentscheidungen in die Zukunft zu vertagen.

Heute weiß ich, dass Investieren etwas für jene Personen ist, die ihr hart erarbeitetes Geld gerne vermehren möchten oder wenigstens dessen Kaufkraft für die Zukunft erhalten wollen – und zwar ohne dafür großen aktiven Aufwand betreiben zu müssen.

Heute kann jeder, ganz egal, ob mit oder ohne Vorkenntnisse, Geld in den Finanzmarkt investieren und damit an der allgemeinen Wertschöpfung und einem ungebremsten Wirtschaftswachstum teilhaben. Aus meiner Sicht sollten das vor allem jene Menschen tun, die vermeintlich weniger haben! Dadurch könnte eine sich immer weiter öffnende globale Vermögensverteilungsschere gebremst und Vermögen fairer verteilt werden. Wir könnten damit nicht nur unsere eigene, sondern auch die finanzielle Zukunft unserer Kinder sichern, oder durch überlegte Spenden humanitäre und infrastrukturelle Projekte in den ärmeren Ländern dieser Erde stützen. Für mich ist wichtig, dass der Vermögensaufbau nicht nur auf eigene Konsumwünsche ausgerichtet ist, sondern auch immer die Zielsetzung verfolgt, einen Teil mit den wirklich Bedürftigen zu teilen.

Zwischenfazit: Reiche Menschen investieren nicht, weil sie reich sind, sondern sie sind (und bleiben) reich, weil sie investieren!

Zum Glück brauchen wir heutzutage keinen Manager oder Banker mehr, um an der Börse aktiv zu werden. Jeder kann investieren, und zwar ohne dafür Mittelsmänner einsetzen oder einen großen Geldbeutel haben zu müssen. Das ist eine mächtige Chance, die es zu nutzen gilt! Sonst schauen wir nur weiter zu, wie unser Geld von Tag zu Tag immer weniger Wert wird.

Wenn Du nicht investierst, wirst Du ärmer!

»Geld gleicht dem Dünger, der wertlos ist,
wenn man ihn nicht ausbreitet.«

FRANCIS BACON

Die Kapitelüberschrift wirkt auf den ersten Blick ziemlich provokativ. Warum sollte ich ärmer werden, wenn ich mein Geld nicht investiere? Schließlich bleibt der Betrag auf meinem Konto ja konstant, wenn ich nichts damit mache! Doch genau hier herrscht ein großes Informationsdefizit. Kaum jemand hat die sich im Laufe der Zeit selbst-verstärkende Kraft der Inflation verstanden. Sie ist jedoch der Grund, weshalb wir Geld verlieren, wenn wir nicht investieren und weshalb wir langfristig Geld ziemlich sicher vermehren, wenn wir es am Finanzmarkt investieren.

Aber was ist Inflation?

Inflation wird häufig fälschlicherweise als Preissteigerungsrate bezeichnet. Dabei ist der Preisanstieg erst die indirekte Auswirkung der Inflation. Der Begriff Inflation kommt aus dem lateinischen (»inflare«) und heißt Aufblähen. Gemeint ist die Geldmenge, die von Zentralbanken gesteuert wird. Die Konsequenz aus einer sich stetig vergrößernden Geldmenge ist eine konstante Preissteigerung und damit ein Kaufkraftverlust für die Bevölkerung. Das heißt, solange Du Dein Geld zinslos liegen lässt, verlierst Du Kaufkraft und wirst ärmer!

Praxisbeispiel:

Stelle Dir vor, 10.000 Euro wären in fünf Jahren noch das Äquivalent von 8.810 Euro. Du hättest also knapp 1.200 Euro verloren. Vielleicht würdest Du laut aufschreien »Wer hat mir mein Geld gestohlen?« Die Zentralbank hat durch eine Ausweitung der Geldmenge (Inflation) von 2,5 Prozent pro Jahr dafür gesorgt, dass Dein Geldbeutel schrumpft. Würden wir eine Inflationsrate von 3 Prozent ansetzen, wären nach 20 Jahren nur noch 6.454 Euro übrig!

Zwei Faktoren sind hierfür ausschlaggebend:

- Prozentsatz (der Inflationsrate) und
- Anzahl der Jahre.

Aber keine Sorge. Ich werde Dir zeigen, wie Du diesen Effekt – mithilfe von Investitionen in Indexfonds und ETFs – nicht nur ausgleichst, sondern sogar ins Positive umkehrst. Gemeinsam züchten wir uns damit einen Geldbaum, der, je größer er wird, immer mehr Geldfrüchte hervorbringt (und das bei immer weniger Pflege)!

Die Geldflut der Zentralbanken erzeugt »Asset Price Inflation«

»Inflation ist schleichender Taschendiebstahl.«

ERHARD BLANCK

Als Volkswirtschaftler habe ich mich sehr lange und eingehend mit Geldpolitik und Staatsverschuldung auseinandergesetzt. Heute weiß ich, dass im herrschenden Geldsystem kein Weg an einer stetigen Ausweitung der Geldmenge (Inflation) vorbeiführt. Im Fachjargon bezeichnet man unsere Wirtschaftsordnung als ein verzinstes Schuldgeldsystem. Ein System, in dem Geld nur durch eine mit Zinsen versehene Kreditvergabe von Zentral- und Privatbanken entstehen kann. Das führt zu einer sich global ungebremst ausweitenden Schuldenspirale, die sich auf der Gegenseite durch Guthaben in derselben Höhe ausgleicht. Dabei sind die größten globalen Schuldner die Staaten und damit seine Einwohner. Da kein Staat der Welt seine Staatsschulden zurückzahlen kann (und auch gar kein Interesse daran hat), können Staatspleiten nur vermieden werden, indem ständig neue Kredite aufgenommen werden. Die Kreditaufnahme erfolgt über die Ausgabe von Staatsanleihen. Infolgedessen haben Zentralbanken und Staaten aus mehreren Gründen ein Interesse an einer konstanten Inflation.

1. Inflation senkt die relative Staatsverschuldung.
2. Die durch Inflation ausgelöste Preissteigerung führt dazu, dass Menschen lieber heute als morgen konsumieren.
3. Mehr Konsum heizt das Wirtschaftswachstum an und schafft somit Arbeitsplätze. Das begünstigt wiederum die Wiederwahl der aktuell regierenden Partei.

Das zeigt, dass die Folgen von Inflation, gerade für Konsumenten deren Konsumanteil gegenüber den Einnahmen relativ hoch ist, besonders dramatisch sind. Auf der anderen Seite profitieren Investoren von der Ausweitung der Geldmenge. Ein Fakt, der kaum bekannt ist.

Der DAX bald bei 100.000 Punkten?

Eine Studie des deutschen Aktieninstituts hat ergeben, dass Personen, die seit 1950 Aktien des DAX gehalten haben, zu keinem Zeitpunkt, im Mittel über 13 Jahre, Verluste machen konnten. Der Aktienmarkt verzeichnet, über eine Zeitspanne von 20 Jahren, fast immer Gewinne – ganz egal wie dramatisch die Krisen sind. Aus meiner Sicht ist dieser Zusammenhang mit der »Inflation« (Geldmengenausweitung) der Notenbanken zu erklären. Würde das Geld, das seit der sogenannten Euro-Schuldenkrise von der Europäischen Zentralbank (EZB) in die Märkte gepumpt wird, eins zu eins in der Realwirtschaft ankommen, hätten wir schon lange eine Hyperinflation wie 1929. Damals konnte Papiergeld nur noch zum Heizen verwendet und in Schubkarren gegen vermeintliche Billiggüter getauscht werden. Die Frage ist also: Wo landet die von den Zentralbanken ausgebrachte Geldmenge?

Der Großteil der von Notenbanken physisch erzeugten und durch die Kreditvergabe der Privatbanken digital gehebelten Geldmenge (physisch = Bargeld; digital gehebelt = Giralgeld) fließt in die Finanzmärkte. Die wahre Preissteigerung ist dort zu beobachten. Im Fachjargon spricht man von »*Asset Price Inflation*«. Von einer Aufblähung der Preise von Vermögensgegenständen, sogenannten Assets. Dazu zählen auch Wertpapiere wie z. B. Aktien, Indexfonds und ETFs. Mit einem kleinen Unterschied. Die Preissteigerung von Wertpapieren ist für den Inhaber des jeweiligen Papiers positiv. Sie bedeutet einen Anstieg des Kurswertes des Papieres und damit einen potentiellen Gewinn beim Verkauf. Inflation (Geldmengenausweitung) treibt die Preise am Aktienmarkt. Genau davon profitieren die Inhaber von Wertpapieren.

Diese Entwicklung lässt sich zum Beispiel an der grafischen Darstellung der DAX-Punktestände zum Jahresende seit 1959 nachvollziehen, der dem Verlauf einer Exponentialfunktion gleicht. Exponentielles Wachstum heißt vereinfacht gesagt, dass sich ein Betrag in gewissen zeitlichen Abständen verdoppelt. In diesem Fall die Kurswerte der 30 stärksten deutschen

Unternehmen. Wer in den 80er Jahren in DAX-Papiere investiert hat, freut sich heute über Kursanstiege von mehr als eintausend Prozent (womöglich thesaurierte Dividenden noch gar nicht eingerechnet!). Dass sich dieser Trend, mit regelmäßigen Rücksetzern, fortsetzt, ist mehr als wahrscheinlich.

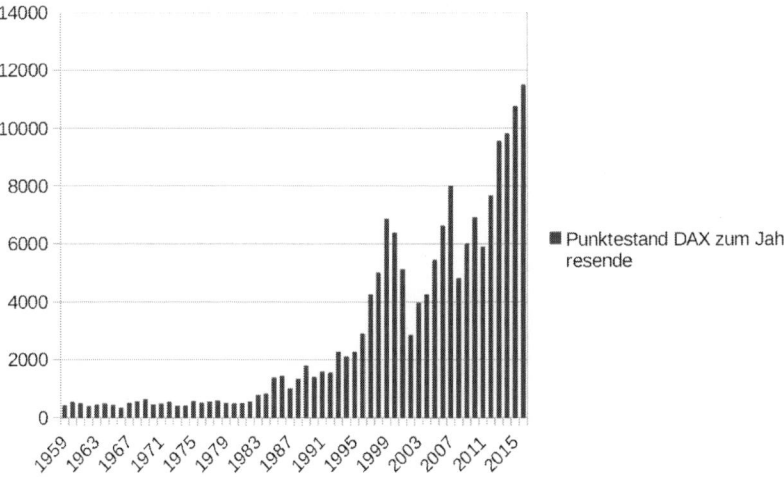

Nun ist die deutsche Volkswirtschaft seit den 80er Jahren ja aber nicht um mehrere tausend Prozent gewachsen. Der DAX spiegelt allerdings die Entwicklung der stärksten deutschen Unternehmen. Wie ist der Verlauf also zu erklären? Genau hier kommt Inflation ins Spiel. Im Jahr 1971 löste der US-amerikanische Präsident Richard Nixon die Bindung des US-Dollars an das Gold auf. Seither nimmt die Geldmenge auf unserem Planeten in exponentiellem Tempo zu, da kein physischer Gegenwert mehr existiert und Papiergeld unbegrenzt gedruckt werden kann. Zum besseren Verständnis habe ich das exponentielle Wachstum der US-amerikanischen Geldmenge in Mrd. US-Dollar (rot) dem DAX-Punktestand zum Jahresende (blau) grafisch gegenübergestellt. Das Ergebnis hat mich selbst verblüfft.

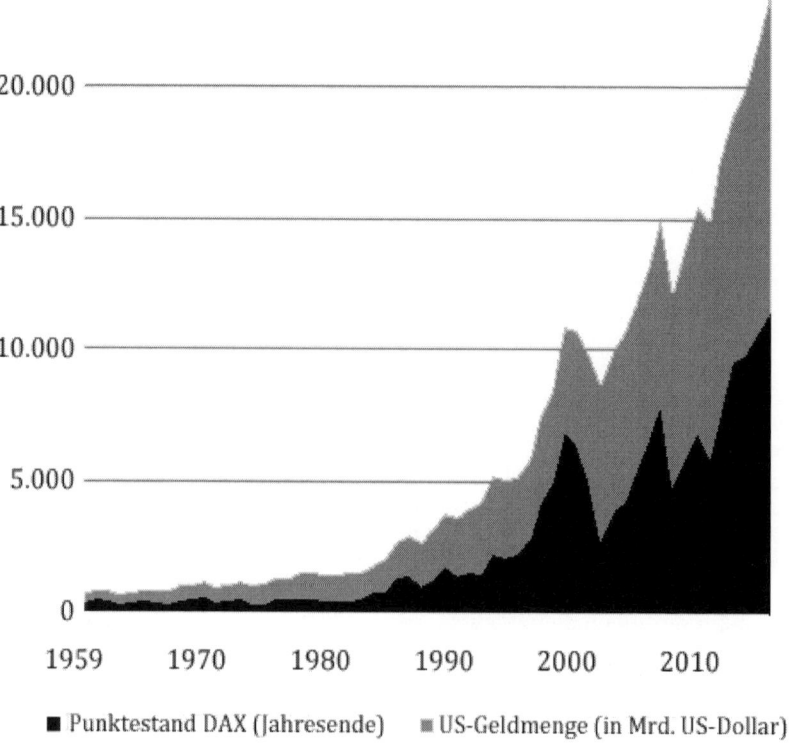

■ Punktestand DAX (Jahresende)　■ US-Geldmenge (in Mrd. US-Dollar)

Diese Grafik veranschaulicht, wie das moderne Geldsystem zu einer stetigen Ausweitung der Geldmenge führen muss und damit parallel die Aktienmärkte befeuert. Je mehr Geld auf der Welt gedruckt wird und in die Aktienmärkte fließt, umso größer wird die »Asset Price Inflation«. Es gibt noch einen zweiten wichtigen Grund, weshalb es Sinn macht, in den Finanzmarkt zu investieren. Der »Zwang« einer konstant wachsenden Wirtschaft.

Als Faulbär profitierst Du von der Wertschöpfung Anderer

In der Regel spiegeln die Aktienmärkte die realwirtschaftliche Entwicklung eines Landes oder ganzer Regionen ziemlich exakt wider. Investoren investieren in Unternehmen, die Erfolg versprechen und Desinvestieren (verkaufen) bei Papieren, die wirtschaftlich gebeutelt sind. Insofern ist der Aktienmarkt ein wunderbarer Indikator für die ökonomische Entwicklung von Branchen, Ländern und ganzen Kontinenten.

Volkswirtschaftlich gehört ein konstantes Wirtschaftswachstum schon fast zur Grundannahme. Warum dies so ist, wird kaum hinterfragt. Oder hast Du Dir schon einmal die Frage gestellt, warum in der Politik eigentlich ständig der Ruf nach noch mehr Wirtschaftswachstum herrscht?

Der Grund ist aus meiner Sicht die bereits genannte, sich aus dem Geldsystem ergebende, globale Schuldenspirale. Je mehr Schulden, umso mehr Gläubiger und umso höher die Forderungen (nach Zins und Tilgung). Während auf der einen Seite eine enorme Guthabens- bzw. Vermögensspirale entsteht, türmt sich auf der anderen Seite ungebremst die Zinslast auf.

Guthaben und Schulden sind in der Summe immer gleich groß und heben sich gegenseitig auf.

Ohne Schulden kein Guthaben und umgekehrt. Guthabenzinsen und Guthaben-Zinseszinsen müssen allerdings erwirtschaftet werden. Das gelingt nur durch konstantes (nahezu exponentielles) Wirtschaftswachstum. Politik und Zentralbanken sind somit indirekt gezwungen das Wirtschaftswachstum auf der Erde zu befeuern, um einen Kollaps zu vermeiden.

Die Wirtschaft muss wachsen, um nicht zusammenzubrechen!

Die staatlichen Eingriffe werden anhand weltweiter Niedrigzinsen, Steuererleichterungen und Deregulierungen sichtbar, die es Unternehmen noch einfacher machen sollen, ihre Geschäftstätigkeit auszuweiten. Dieser

Effekt schlägt sich letzten Endes auch in den Kursverläufen der Unternehmen am Aktienmarkt nieder. Darüber hinaus stehen wir noch am Anfang einer Technisierungs- und Digitalisierungswelle. Ein Trend, der die Automatisierung auf der ganzen Welt fördert und für sinkende Stückkosten sorgt. Die erfolgreichsten und umsatzstärksten Unternehmen der Welt sind bereits heute Technologieunternehmen. Global gesehen ist insofern kaum mit einem Einbremsen des Wirtschaftswachstums zu rechnen – ganz im Gegenteil.

Das soll nicht heißen, dass derzeit nicht wieder etliche Blasen in verschiedenen Sektoren des Finanzmarkts entstehen. Es wird zu Rücksetzern kommen. Das verlangt die Konstruktion des Systems und ist empirisch belegt. Unter Börsenhändlern rechnet man alle sieben Jahre mit einem kleinen oder größeren Börsencrash. Doch genauso heftig, wie der Einbruch, ist meist die Erholung.

Als passive ETF-Investoren mit einem langfristigen Anlagehorizont brauchen wir uns diesbezüglich also kaum Sorgen machen. Wir investieren nur Geld, auf das wir auch langfristig verzichten können und sitzen die Geld- und Finanzmarktkrisen ganz einfach aus. Finanzkrisen geben uns sogar die Möglichkeit, Wertpapiere im großen Stil günstig nachzukaufen und damit als Gewinner hervorzugehen.

Zusammenfassung:
- Die Geldflut der Notenbanken sorgt für eine Preissteigerung an den Finanzmärkten (»Asset Price Inflation«) und hilft Investoren.
- Das Geldsystem mit Zins- und Zinseszins fordert konstantes Wirtschaftswachstum, um die Bezahlung der Guthabenzinsen (insbesondere des einen Prozents der Superreichen) gewährleisten zu können.
- Finanzkrisen stören uns als passive ETF-Investoren mit langfristigem Anlagehorizont wenig, sondern können uns sogar zugutekommen.

Investieren ist nicht einfach, aber simpel!

»Wenn du Lust darauf hast, sechs bis acht Stunden die Woche an Investitionen zu arbeiten, mach das. Falls das nicht so ist, investiere in Indexfonds.«

WARREN BUFFETT

Warren Buffett gilt als der erfolgreichste Investor aller Zeiten und wahrer Investment-Guru. Seine Worte zeigen, dass Du es Dir so kompliziert machen kannst, wie Du möchtest. Je mehr Zeit Du in eine Tätigkeit bzw. Fähigkeit investierst, umso erfolgreicher wirst Du. Aber auch hier gibt es Ausnahmen. Häufig reduziert viel Arbeit die Rendite (durch Transaktions- und Informationskosten, etc.), in jedem Fall reduziert sie den passiven Teil Deines Einkommens, da Du aktiv mehr Zeit darauf verwendest. Insbesondere den Zeitfaktor sollten wir aber nicht außer Acht lassen, wenn wir finanzielle Freiheit anstreben.

Der größte Fehler, den Anfänger begehen?

Kaum ein Klein- bzw. Einzelanleger schafft es, bessere Renditen als der Durchschnitt des Marktes zu erzielen. Die meisten Anleger reagieren zu häufig auf Kursschwankungen. Sie verkaufen häufig dann, wenn Preise sinken und kaufen, wenn Preise steigen. Mit dieser Strategie verliert man allerdings garantiert Geld, viel Geld!

Kursschwankungen auszusitzen und Investitionen als ein langfristiges Unterfangen anzusehen, ist der einfache und ultimative Tipp, den Warren Buffet jedem Anleger gibt.

Doch leichter gesagt, als getan, bei einem emotionalen Thema wie dem Geld. Wenn man sieht, wie der Markt zusammenbricht, wird häufig jedwede Logik ausgeblendet und überhastet »reagiert«. Das führt jedoch sehr wahrscheinlich zum kontraproduktiven Ergebnis erheblicher Verluste! Die Emotionalität aus finanziellen Investitionen zu nehmen, gelingt am besten, wenn man sich eine gewisse Distanz dazu bewahrt.

Genau deshalb darfst Du auf Geld, das Du in den Finanz- und Geldmarkt investierst, niemals angewiesen sein! Geld, das Du investierst, muss Dir sogar egal sein. Es zu investieren, um Dir damit später ein Haus zu bauen, ist kein guter Plan.

Warum Investitionen (dennoch) die richtige Lösung sind?

Dank der Digitalisierungswelle lassen sich heute viele Abläufe automatisieren. Damit reduzieren wir zeitliches Investment, was zu einem Anstieg des relativen (passiven) Stundenlohns führt. Alles, was Du dafür tun musst, ist ein Depot zu eröffnen, Geld zu sparen, monatlich zu investieren und Dich zurückzulehnen. Je mehr Du automatisierst, umso stärker reduzierst Du den negativen emotionalen Teil. Der schlechteste Zeitpunkt, Wertpapiere zu verkaufen, ist nämlich genau dann, wenn sie fallen oder, noch schlimmer, bereits gefallen sind!

Denke doch einfach daran, wie Du Dich im Supermarkt verhältst. Wenn etwas im Angebot ist, wirst Du das Produkt eher kaufen – auch dann, wenn Du es gerade gar nicht brauchst! An der Börse handeln die meisten Menschen aber genau umgekehrt. Wenn Wertpapiere fallen, werden sie zum Schnäppchenpreis verkauft. Hier gilt es die Chance zu ergreifen und Papiere zu einem Bruchteil ihres wahren Wertes zu erwerben, statt die eigenen mit zu verramschen. Schließlich folgt (fast) jedem Tief ein Hoch.

Sobald Du einige Grundkonzepte der Investition in Indexfonds und ETFs verstanden hast, wirst Du Dich ärgern, dass Du nicht schon früher damit begonnen hast. Denn gerade diese Form der Investition eignet sich für Anfänger und Fortgeschrittene optimal, um sich ein sicheres und ertragreiches passives Einkommen bzw. Vermögen aufzubauen. Die wichtigste Regel ist, Dich in Geduld zu üben und emotionalen Abstand zu halten. Einige oder gar alle Deine Investitionen werden im Laufe der Zeit immer wieder an Wert einbüßen, bevor sie einen Sprung nach oben machen. Gewöhne Dich also lieber früher als später daran. Das ist bereits die halbe Miete. Folge diesem Pfad und mache es Dir so simpel wie möglich. Glaube mir, Warren Buffett irrt sich nicht!

Geld ist automatisierbar und skalierbar

»Sechs Stunden sind genug für die Arbeit.
Die anderen Stunden sagen zum Menschen: lebe!«
LUKIAN

Automatisierbarkeit ist eine Charaktereigenschaft des Geldes, die es möglich macht, Einkommensströme zu skalieren, ohne dafür arbeiten zu müssen. Das führt zu einer paradoxen Situation. Mit aktiver Arbeit tauschst Du Lebenszeit gegen Geld. Bei Investments tauschst Du, einfach gesagt, Geld gegen noch mehr Geld in der Zukunft.

Im Volksmund spricht man davon, Geld für sich arbeiten zu lassen. Das ist auf den ersten Blick zwar richtig, im Detail allerdings ein großer Trugschluss. Geld kann nicht arbeiten. Nur Menschen und Maschinen können arbeiten – im Austausch ihrer Lebenszeit gegen Geld. Und wie Karl Marx bereits vor 150 Jahren korrekt erkannt hat, sind es die akkumulierten Kosten der Arbeitskräfte, die den Preis bestimmen! Damit partizipierst Du, mit Investitionen in Indexfonds und ETFs von der Arbeit Anderer! Das Einkommen ist damit für Dich zwar passiv, entsteht aber nur, weil der Produzent (Arbeitnehmer) dafür aktiv arbeitet (und seine Lebenszeit eintauscht). Das sollte uns nicht nur eine gewisse Demut und Dankbarkeit lehren, sondern uns auch darin bestärken etwas zurückzugeben!

Geld ist der ultimative Multiplikator. Es hat die Macht rund um die Uhr zu arbeiten, ohne Dich zusätzliche Anstrengungen, Zeit oder Geld zu kosten! Und genau diesen Effekt wollen wir uns zu Eigen machen. Je mehr Geld wir für uns arbeiten lassen, umso weniger müssen wir selbst dafür arbeiten. Das ist die Quintessenz finanzieller Freiheit.

Eines sei jedoch vorweggesagt: Wenn Du schnell zu finanziellem Reichtum gelangen willst, dann ist die »Faulbär-Strategie zur Million« nichts für Dich.

Das Spiel auf Zeit: Der Zinseszins-Effekt

»Der Zinseszins-Effekt ist das achte Weltwunder. Derjenige, der ihn versteht, verdient ihn, wer ihn nicht versteht, bezahlt ihn.«

ALBERT EINSTEIN

Schon als kleine Kinder wird uns beigebracht, dass das Börsenspiel mit großem Risiko behaftet und für uns »Ottonormalbürger« ohnehin keines sei, an dem wir uns beteiligen sollen. Viele Menschen glauben das. Sie glauben, dass es, um an der Börse erfolgreich zu sein, entweder einen Informations- respektive Wissensvorsprung braucht, oder wenigstens ein glückliches Händchen.

Während das bei aktiven Tradern zu einem gewissen Teil richtig sein mag, trifft es auf uns, den passiven Privatanleger, nicht zu.

Wir spielen eine andere Strategie am Finanzmarkt. Wir haben kein Interesse daran, als kleiner David gegen den mächtigen Goliath anzutreten. Dieses Spiel können wir nur verlieren. Wir haben schlicht nicht die Größe (Kapitalstärke) noch die Waffen (Technologie), um mitzuhalten. Als passive Privatanleger sollten wir nur eines von zwei Zielen verfolgen – oder sogar beide zugleich:

- Vermögensaufbau durch die Kraft des Zinseszinses.
- Aufbau eines wachsenden passiven Nebeneinkommens.

Die beste Strategie, sich langfristig und ohne große eigene Mühen, ein Vermögen aufzubauen, ist auf die Kraft des Zinseszinses durch die Wiederveranlagung von Zinsen zu setzen. Genau das erreichen wir durch langfristige Investitionen in thesaurierende ETFs und Indexfonds. Wir reduzieren damit die Gefahr, Geld durch kurzfristige Kursschwankungen zu verlieren. Der Zinseszins-Effekt wurde lange als unmoralisch angesehen. Einige römische Gesetze verurteilten ihn im 15. und 16. Jahrhundert sogar. In dem Buch, »Tag auf Tag im Hamsterrad« eruiere ich die oben geschilderte Sachlage, dass Zins- und Zinseszins den Ruf nach Wirtschaftswachstum erzwingen und Vermögen dramatisch umverteilen. Nichtsdestotrotz sind sie, im gegebenen System, die beste Möglichkeit, sich ohne große Mühen ein Vermögen aufzubauen. Um den exponentiellen Charakter des Zinseszins-Effektes zu veranschaulichen, greife ich daher auf zwei Beispiele aus meinem Buch zurück (S. 58f.).

»Der Ur-Ur-Ur-Ur-Ur-Großvater von Rainer Zufall – Rainer Pfiffig – hätte im Jahre Null für dessen Nachfahren einen einzigen Cent angelegt. Pfiffig war clever und verstand es, einigermaßen zu feilschen. Er konnte also bei der örtlichen Bauernbank einen Zinssatz von fünf Prozent aushandeln. Die Zugangsdaten zum Geheimsafe werden über Generationen von Papa Rainer zu Sohn Rainer weitergegeben. Heute, 2016, erinnert sich Rainer Zufall an das Konto und sucht aufgeregt das uralte Dokument. Auf dem Dachboden seines Kuhstalls wird er fündig. Sein Herz springt ihm fast aus der Hose, so aufgeregt ist er. Rainer sprintet zum Computer und fährt ihn hoch. Dann loggt er sich auf den Online-Account der Bauernbank ein. Die Zahl die er erblickt ist so groß, dass er einen Nervenzusammenbruch bekommt und der Computer explodiert. Wie viel Geld mag sich nur angesammelt haben?

52.194.762.406.749.596.188.226.011.368.141.170.409.472 EUR (= 52 Sechstilliarden EUR), eine 52 mit 39 Nullen! Anders ausgedrückt ca. 70 Milliarden Erdkugeln oder anders ausgedrückt ca. 53.000 Sonnen aus purem Gold!

Für alle die den Rechenweg vergessen haben oder ungläubig anzweifeln: Es handelt sich hierbei um eine Exponentialfunktion, deren Berechnung ziemlich simpel ist.

Die allgemeine Formel zur Berechnung des Zinseszinses lautet:

K (1+p/100) hoch x; mit: p = Zins; K = Ausgangskapital; x = Jahre

Interpretiert:

Ausgangskapital mal (Kontostand nach einem Jahr) hoch Jahre.

Die Konsequenz?

- Im Jahre 95 wäre ein Euro hinzugekommen, sprich das Startkapital hat sich nach 95 Jahren verhundertfacht.
- Im Jahre 142 wären es 10 EUR gewesen.
- Im Jahre 378 wären daraus bereits eine Million Euro geworden!
- Bereits um das Jahr 700 wäre alles Gold der Welt aufgebraucht! Etwa im Jahre 1500 ist das erste Erdgewicht in Gold entstanden.
- 1929 sind es dann eine Milliarde Erden aus purem Gold gewesen.
- 2016, sind aus einem einzigen Cent etwa 70 Milliarden Erdkugeln aus purem Gold geworden!«

Es ist unglaublich wichtig, diesen Mechanismus zu verstehen, wie ein zweites Beispiel zeigt:

»Rainer Zufall wird befördert. Er soll Oberkuhmelker in der Methan-Milch GmbH mit einem Einjahresvertrag werden. Sein künftiger Chef fragt ihn nach dessen Gehaltsvorstellung. Da Rainer das exponentielle Wachstum verstanden hat, schlägt er seinem Chef folgendes vor. »Ich möchte nicht viel. In der ersten Woche verlange ich nur einen Cent. Anschließend verdoppeln Sie mein Gehalt jede Woche. Also zwei Cent in der zweiten Woche und vier Cent in der dritten usw. Ein Jahr lang. Wenn Sie nicht einverstanden sind, verlange ich 1.000 EUR pro Woche!« Welches Gehaltsmodell wird der Chef der Methan-Milch GmbH Rainer zugestehen? Vermutlich Nummer eins. Rainer Zufall würde durch seine Cleverness zum reichsten Mann im Universum werden. In nur einem Jahr wäre er um stolze 22,5 Billionen Euro reicher!

Im Gegensatz dazu hätte Rainer bei 1.000 EUR pro Woche am Jahresende »lediglich« 52.000 EUR verdient. Bereits in der 23. Woche hätte Rainer also mehr verdient als im anderen Gehaltsmodell nach einem ganzen Jahr!«

Beide Beispiele sind nicht nur extrem beeindruckend, sondern verdeutlichen auch, dass der Zinseszins-Mechanismus allein von zwei Faktoren abhängig ist. Diese gilt es von nun an zu optimieren. Selbst ausprobieren kannst Du dies anhand einer variablen Excel-Zinswerttabelle, die Du Dir kostenlos herunterladen kannst (*Link: https://goo.gl/EJEDw8*). Den Zusammenhang von Zeitdauer und Zinssatz im Hinblick auf das Wachstum von Vermögen zeigt folgende Grafik.

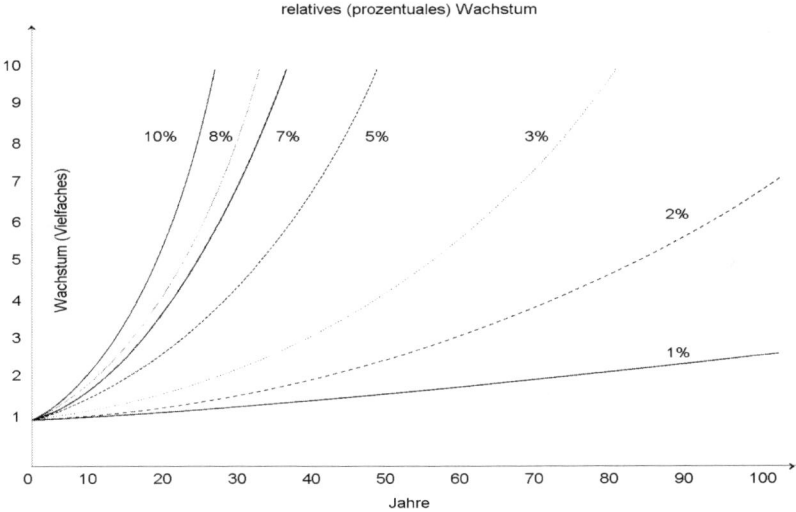

Faktor #1: Zeit (Dauer)

Je länger Du den Zinseszins-Mechanismus wirken lässt, umso größer wird der Effekt, den er entfaltet. Die x-Achse bildet 10-Jahres-Abstände ab. Du siehst, dass der Zinseszins seine ganze Kraft erst über eine gewisse zeitliche Dauer entfaltet.

Faktor #2: Zinssatz (Beschleunigung)

Der zweite Faktor ist die Höhe des Zinssatzes. Je höher der Zinssatz, zu dem ein Betrag verzinst wird, umso schneller verdoppelt sich der Betrag. Je höher Dein Guthabens-Zinssatz, umso schneller kannst Du von der Verdopplung durch den exponentiellen Charakter des Zinses profitieren.

Konsequenzen?
Insbesondere Faktor #1 zeigt auf, weshalb Du den Zinseszins-Mechanismus bereits so früh wie möglich für Dich nutzen solltest. Je früher Du damit anfängst »das Geld für Dich arbeiten zu lassen«, umso stärker wird der Effekt. Anhand des Faktors #2 wird ersichtlich, dass Du einen Betrag umso schneller verdoppelst, umso höher der Zinssatz ist. Aber Achtung: Je höher der Zinssatz, umso höher auch das Risiko!

Exponentielles Wachstum, wie beim Zinseszins, erzeugt einen Effekt der Verdopplung. Je nach Kombination der Faktoren verdoppelt sich ein gewisser Betrag innerhalb einer gewissen Zeitspanne. Wie eine Lawine nimmt der Zinseszins immer mehr Geld in sich auf, das sich dann wiederum verzinsen und schließlich verdoppeln kann. Genau deshalb sollte es unser Ziel sein, beide Effekte gleichzeitig zu maximieren. Den Zeiteffekt maximierst Du, indem Du noch heute damit beginnst, den Zinseszins-Effekt zu nutzen. Den Zinseffekt maximierst Du, indem Du eine intelligente Streuung Deiner Investitionen tätigst und damit eine möglichst hohe Rendite (bei adäquatem Risiko) erzielst. Das gelingt uns bei Investitionen in Indexfonds und ETFs mühelos. Umgekehrt gilt natürlich, dass der negative Zinseszins unbedingt zu vermeiden ist. Vielleicht kennst du seine Kraft ja aus dem Dispo. Wenn Du immer nur einen Teil Deiner Disposchulden zurückzahlst, wird die Schuldenlast insgesamt trotzdem immer größer. In diesem Fall arbeitet der Zinseszins-Effekt gegen Dich!

Automatisch reich werden? Ist das realistisch?
Nehmen wir an, Du investierst heute 100 Euro zu 10 Prozent Zinsen. Dann hat sich dieser Betrag bereits in 7 Jahren verdoppelt. Während Du im ersten Jahr 10 Euro Zinsen erhältst, sind es im dritten Jahr bereits 12,10 Euro. Die Differenz von 2,10 Euro entsteht durch erneute Verzinsung Deiner bereits gutgeschriebenen Zinsen. Den genauen Verlauf Deines hypotheti-

schen Vermögensaufbaus kannst Du folgender Tabelle entnehmen:

Jahr	Startbetrag	Jährliche Zinsen	Endbetrag
1	100	10	110
2	110	11	121
3	121	12.1	133.10
4	133.10	13.31	146.41
5	146.41	14.64	161.05
6	161.05	16.11	177.16
7	177.16	17.72	194.87
8	194.87	19.49	214.36
9	214.36	21.44	235.79
10	235.79	23.58	259.37
11	259.37	25.94	285.31
12	285.31	28.53	313.84
13	313.84	31.38	345.23
14	345.23	34.52	379.75
15	379.75	37.97	417.72
16	417.72	41.77	459.50
17	459.50	45.95	505.45
18	505.45	50.54	555.99
19	555.99	55.60	611.59
20	611.59	61.16	672.75

Ich hoffe, Du hast für den Zinseszins-Effekt ein Gefühl bekommen. Dieses Gefühl ist so wichtig, weil es kaum möglich ist, den lawinenartigen Charakter des Zinseszinses logisch zu verstehen. Dafür ist er einfach zu gigantisch – zumindest geht es mir so. Aber ich habe verstanden, dass es vor allem der Zinseszins-Effekt ist, der dafür sorgt, dass die Reichen immer reicher werden und die Armen entweder gleich arm bleiben oder sogar ärmer werden müssen (z. B. durch Inflation).

Millionäre haben nur wenige, dafür jedoch essentielle Dinge anders gemacht als der Rest. In meinem Buch, »die Gelddruckmaschine«, zeige ich auf, dass Dich 516 Sparraten à 430,44€, bei 6 Prozent Zinsen, in 43 Jahren zu Millionär machen. Das Spannende ist, dass sich dieser Betrag aus Zinsen bzw. Zinseszinsen und dem eigens eingezahlten Sparbetrag zusammensetzt. 222.107,04€ sind selbst eingezahlt, während 777.899,30€ aus Zins- und Zinseszins entstanden sind! Es kann also wirklich jeder Millionär werden, wenn er nur entsprechend spart und investiert!

Damit wird das facettenreiche Ziel des Investierens klar

- Als Erstes wollen wir unser hart erarbeitetes Geld vor dem durch Inflation ausgelösten Wertverlust schützen.
- Darüber hinaus wollen wir damit für die Zukunft bauen und ein Vermögen anhäufen.
- Last but not least wollen wir damit sukzessive immer größere passive Einkommensströme aufbauen, die schließlich groß genug sind, um nicht länger gezwungen zu sein, arbeiten gehen zu müssen.

Was dafür wichtig ist?

- Früh anfangen, um den Faktor Zeit maximal auszunutzen.
- Möglichst hohe Rendite bei angemessenem Risiko.
- Thesaurierende (reinvestierende) ETFs zum Vermögensaufbau.
- Ausschüttende ETFs für den Aufbau passiven Einkommens.

Wenn wir uns ein Vermögen aufbauen wollen und als Faulbär zum Millionär gelangen wollen, müssen wir auf den Zinseszins-Effekt setzen. Für uns spielt es eine untergeordnete Rolle, ob und um wie viel der Kurs in einem Jahr steigt. Solange er langfristig steigt und vor allem Dividende erzeugt, sorgt er im nächsten Jahr für einen überproportionalen Anstieg der Zinsen durch den Zinseszins-Effekt. Unterstützen wir diesen Prozess durch ein konstantes monatliches Investment, ist die Faulbär-Strategie zur Million perfekt.

Von der Kunst passiver Investor zu sein

»Kaufen Sie Aktien, nehmen Sie Schlaftabletten und schauen Sie die Papiere nicht mehr an. Nach vielen Jahren werden Sie sehen: Sie sind reich.«

ANDRÉ KOSTOLANY

Als mir der Titel »Die Faulbär-Strategie zur Million« in den Sinn kam, war mir sofort klar, dass er polarisieren würde. Schließlich verspricht er etwas, das nach unserem Grundverständnis - seriös - nicht möglich sein kann. Gerade in unserem Kulturkreis gehen wir davon aus, dass man unmöglich Millionär werden kann, wenn man nicht Tag und Nacht arbeitet, im Lotto gewinnt oder ein reiches Erbe antritt. Dabei liegt der Schlüssel in einer Strategie, die erprobt ist und funktioniert, allerdings nur von sehr Wenigen bis zum Ende durchgehalten wird. Investitionen in Indexfonds und ETFs müssen einen langfristigen Horizont verfolgen. Nur so vermeiden wir Verluste bei kurzfristigen Kursschwankungen und schöpfen die Kraft des Zinseszinses voll aus.

Das ist die große Kunst passiver Investoren.

Was die meisten Menschen davon abschreckt, ihr Geld zu investieren, ist zum einen die Angst vor Verlusten (Risikoaversion) und zum anderen die Sorge, dafür Zeit aufwenden zu müssen. Kein Wunder, schließlich wird uns genau das ja ständig suggeriert! Als Investor in Indexfonds und ETFs kannst Du Dich allerdings fein aus der Affäre ziehen. Du musst nicht 24 Stunden am Tag, 7 Tage die Woche am Bildschirm kleben und im Livestream Aktienkurse verfolgen, während parallel die N24-Börsennews laufen, um Dir erfolgreich ein Vermögen aufzubauen. Als passiver Investor kannst Du auch als »kleiner Mann« dem Hamsterrad leise und schleichend entkommen.

Die meisten Menschen verbrennen sich am Aktienmarkt die Finger, weil sie schlicht nicht wissen, was sie tun. Hier siegen die Emotion und die Gier tatsächlich über die Logik und den Verstand. Doch bevor wir etwas beginnen, wovon wir keine Ahnung haben, sollten wir es lieber lassen. Indexfonds und ETFs bieten jedoch den Vorteil, passiv zu bleiben, indem man auf den Gesamtmarkt vertraut.

Mathematisch gesehen ist die Börse am Ende des Tages immer ein Nullsummenspiel. Diese Tatsache entspringt der Spieltheorie der Volkswirtschaftslehre. Sie besagt, dass der theoretische Gesamtgewinn aller Teilnehmer begrenzt ist. Einfach gesagt: Was der Eine gewinnt, verliert der Andere und umgekehrt. An diesem Nullsummenspiel beteiligen sich passive Investoren, aufgrund des langfristigen Anlagehorizonts, nur bedingt. Schließlich liquidieren sie ihre Erträge erst nach vielen Jahren, wenn Gewinne zu verzeichnen sind oder gar erst nach Jahrzehnten, wenn der Zinseszins-Effekt seine lawinenartige Wirkung entfalten konnte und auf Autopilot ein Vermögen erzeugt hat. Wir befreien uns damit von der psychologischen Komponente der Finanzmärkte, die immer wieder zum Herdentrieb führt. Statt uns mühsam einen Weg durch den Dschungel zu schlagen, schwimmen wir mit den großen Fischen mit.

Last but not least vermindert der passive Investor die Auswirkung des Kaufzeitpunktes umso mehr, je länger der Anlagehorizont gewählt ist.

Zusammenfassung »Vorteile eines passiven ETF-Investors«:
- geringer zeitlicher und technischer Aufwand.
- geringes Risiko bei hoher Sicherheit.
- fast müheloser Vermögensaufbau.
- Krisen und Börsencrashs lassen uns kalt.
- Der perfekte Einstiegszeitpunkt spielt eine untergeordnete Rolle.

Erst die Arbeit, dann das Vergnügen: Indexfonds und ETFs verstehen

»Die meisten Menschen überschätzen, was man in einem Jahr erreichen kann,
und sie unterschätzen, was man in fünf Jahren erreichen kann.«

ANONYM

Bevor wir unsere große Investmentkarriere starten können, müssen wir wissen, womit wir es zu tun haben. Wir können nicht einfach blind darauf losinvestieren, die Finger kreuzen und hoffen, dass wir den Jackpot knacken. Wer sich sicher ein Vermögen aufbauen möchte, muss systematisch und überlegt vorgehen und das notwendige Hintergrundwissen besitzen. Darum wird es in diesem Kapitel gehen.

Ich werde Dir die wichtigen theoretischen Hintergrundinformationen für eine langfristig erfolgreiche Investmentkarriere mit Indexfonds und ETFs an die Hand geben. Glaube mir, sie sind gar nicht so schwer zu verstehen. Anschließend bist Du gewappnet, in den spannenden Praxisteil einzusteigen und Deinen Geldbaum zu pflanzen. Auch dabei werde ich Dir mit Rat und Tat zur Seite stehen.

Verstehe die kommenden Kapitel einfach als das Addieren, Subtrahieren und Einmaleins des passiven ETF-Investors. Wer es verstanden hat, kann die meisten mathematischen Formeln lösen. Wer diese Unterrichtsstunde allerdings schwänzt, bleibt »Börsenanalphabet«!

Klassische Indexfonds oder lieber ETFs?

»Wer mit Aktien Geld verdienen will,
macht dies nicht mit dem Kopf oder mit dem Bauch,
sondern mit dem Hintern, indem er möglichst lange drauf sitzen bleibt.«

BÖRSENWEISHEIT

Die erste Hürde, wenn man sich mit dem passiven Vermögensaufbau mit Indexfonds und ETFs beschäftigt, ist die Begrifflichkeit. In der
Regel wird der Begriff ETF für beide Fonds-Formen benutzt. Dies ist bei
einer genauen Betrachtung allerdings nicht ganz korrekt. Es gibt durchaus
Unterschiede zwischen Indexfonds und ETFs, die auf lange Sicht eine Rolle
im Hinblick auf die Rendite Deiner Investments spielen können.

Grundsätzlich handelt es sich sowohl bei sogenannten Indexfonds als
auch bei ETFs (Exchange Traded Funds) um passiv gemanagte Indexfonds.
Beide Fonds-Arten bilden bestimmte Indizes nach. Dies können zum Beispiel Länderindizes, Branchenindizes oder Rohstoffindizes sein. Ein Index
wiederum dient der Abbildung der Entwicklung ausgewählter Aktienkurse
geeigneter Wertpapiere am Finanzmarkt. Das bekannteste Beispiel ist der
Deutsche Aktienindex »DAX«. Er dient als Leitindex der Deutschen Börse
und bildet die Entwicklung der 30 umsatzstärksten und größten deutschen
Unternehmen ab. Daneben gibt es in Deutschland aber noch zahlreiche
weitere Indizes, wie z. B. den MDAX (50 mittelgroße deutsche Unternehmen – sogenannte »Mid Caps«), den SDAX (50 kleinere deutsche Unternehmen – sogenannte »Small Caps«) oder den TecDAX (30 größte deutsche
Technologieunternehmen).

Die Auswahl dieser Werte ist nicht endgültig und wird in regelmäßigen
Abständen, häufig vierteljährlich, erneuert. Die Erneuerung und Gewichtung geschieht in der Regel anhand der Marktkapitalisierung.

Die Marktkapitalisierung beschreibt den gesamten Wert der Anteile
eines Unternehmens, das an der Börse gelistet ist. Die Berechnung erfolgt
über die Multiplikation von Kurs mit der Anzahl der sich im Umlauf befin-

denden Anteile. Je größer diese Zahl, umso mächtiger ist das Unternehmen am Finanzmarkt.

Das sind die grundsätzlichen Eigenschaften von Indexfonds. Darüber hinaus gibt es weitere Unterscheidungen, die innerhalb der Klasse der Indexfonds und ETFs getroffen werden. Bevor wir uns allerdings damit beschäftigen, wollen wir zuerst wissen, was Indexfonds von ETFs unterscheidet.

Der wesentliche Unterschied von Indexfonds zu ETFs ist der Börsenhandel. ETFs werden an der Börse gehandelt, Indexfonds nicht. Das heißt, dass ETFs in Sekundenbruchteilen gehandelt und der Preis ständig neu festgesetzt wird. Darüber hinaus nutzen viele aktive Fondsmanager ETFs, um über eine höhere Liquidität zu verfügen und zugleich das Risiko zu streuen. Hierfür bedienen sie sich nicht selten sogenannter Short-ETFs. Das sind ETFs, die gegen die Entwicklung eines bestimmten Index »wetten« (dazu später mehr).

Ganz anders bei Indexfonds. Ihr Preis wird nur einmal pro Tag, auf Basis des zugrundeliegenden Index festgelegt. Short-Indexfonds gibt es nicht. Das bedeutet, dass man bei Indexfonds lediglich auf steigende Indexentwicklungen spekulieren kann. Außerdem erfolgt die Abbildung der Indizes bei Indexfonds physisch und nicht synthetisch über sogenannte Swap-Geschäfte (dazu im Anschluss mehr).

Valerio Schmitz-Esser (Credit Suisse) sagt: »*Der Markt für Indexfonds ist in Europa größer als der ETF-Markt. Er ist der Öffentlichkeit nur nicht so präsent, weil Indexfonds fast ausschließlich von institutionellen Großinvestoren genutzt werden. [...] Sie haben die Garantie, auch tatsächlich zum Nettoinventarwert zu kaufen. [...]Der ETF-Preis bewegt sich im Tagesverkauf zwar meistens in der Nähe, je nach Markt kann es aber auch erhebliche Abweichungen geben. Angesichts von jährlichen Gebühren von oft nur wenigen Basispunkten für einen Indexfonds kommt es vielen Anlegern auf jeden Basispunkt an*«.

Haben Indexfonds somit gegenüber börsengehandelten ETFs Vorteile? Häufig verlangen Indexfonds (noch) geringere Gebühren als ETFs. Gerade für passive Privatanleger sind sie daher meist die bessere Wahl. ETFs hingegen sind vorteilhaft, wenn Du aktiv planst, am täglichen Börsenhandel teilzuhaben, und relativ häufig kaufst und (natürlich teurer) verkaufst. Darüber hinaus gelten ETFs als leichter handzuhaben, durch den Börsenhandel als flexibler und damit transparenter.

Allerdings ist die Entscheidung, ob klassischer oder börsengehandelter Indexfonds (ETF), zumindest was Deinen langfristigen Erfolg angeht, nicht entscheidend. Nichtsdestotrotz solltest Du die Entscheidung Indexfonds oder ETF bei Deinen Investments mit in die Analyse einbeziehen. Da dieses Buch für die Faulbären dieser Welt geschrieben wurde und damit der Fokus voll und ganz auf einem langfristigen Anlagehorizont liegt – der sich durch Passivität auszeichnet – sind Indexfonds für uns grundsätzlich die bessere Wahl. Der Einfachheit halber werde ich ab sofort trotzdem die Bezeichnung ETF auch für klassische Indexfonds verwenden. Außerdem ist die Auswahl an ETFs deutlich größer, als die von Indexfonds und auch deren Erwerb über sogenannte Onlinebroker deutlich einfacher.

Falsch machst Du also mit beiden passiven Indexfonds nichts.

ETFs und ihre Eigenschaften

»Investiere 10 Prozent in Staatsanleihen und 90 Prozent in einen S&P 500 Indexfonds, der nur niedrige Kosten verursacht. Das Ergebnis wird besser sein, als das der meisten (professionellen und teuren) Investoren.«

WARREN BUFFET

ETFs sind in Deutschland ein relativ junges Phänomen und erst seit dem Jahrtausendwechsel, durch eine Veränderung des Investmentgesetzes, erlaubt. Heute handelt es sich um eine 6.000 Mrd. US-Dollar Branche. 2017 überstieg der Marktanteil passiver Indexfonds aller Neuanlagen in Aktienfonds erstmals den Marktanteil der aktiv gemanagten Aktienfonds. Kaum zu glauben, dass alles mit einem kleinen Fonds der Beteiligungsgesellschaft »Eintracht macht stark« in Amsterdam, im Jahre 1774, begann.

.

Seit den 2000ern konnten ETFs hinsichtlich ihres Investitionsvolumens auch in Deutschland ein konstantes Wachstum verzeichnen. Das ist zum großen Teil auf ihre außergewöhnliche langfristige Performance, Einfachheit und Transparenz zurückzuführen und sollte gerade für Privatanleger ein gutes Zeichen sein. Darüber hinaus gibt es mittlerweile eine kaum mehr überschaubare Anzahl unterschiedlichster Produkte. Im Kern sind sich jedoch alle ETFs gleich. Sie bilden gewisse Indizes am Aktien-, Immobilien-, Rohstoff-, Devisen- oder Geld- bzw. Rentenmarkt ab. Dazu gehören auch neuere Branchen wie z. B. erneuerbare Energien oder ETFs, die den Index von Unternehmen in gewissen Schwellenländern replizieren.

Aber was heißt das nun im Detail?

Früher war es für den Privatanleger nahezu unmöglich, sich ein relativ sicheres Wertpapierportfolio zusammenzustellen. Sicherheit erreicht man dabei, indem man möglichst viele Wertpapiere unterschiedlicher Unternehmen, Branchen, Währungen und Sektoren mischt. Wollte man dies auch nur ansatzweise erreichen, musste man eine große Anzahl von Wertpapieren erwerben, was nicht nur enorm teuer (absolute Mindestinvestition in eine Aktie sind 500 Euro, mal 30 DAX-Unternehmen = 15.000 Euro), sondern auch mit hohen Handels- bzw. Transaktionskosten verbunden ist. Allein den DAX einigermaßen sicher nachzubilden ist für den durchschnittlichen Privatinvestor so gut wie unmöglich. Schließlich verändern sich die Kurse der enthaltenen Wertpapiere und damit die Gewichtungen innerhalb des Index ständig. Eine verlässliche Replikation war damit noch vor einigen Jahren lediglich mit sogenannten Investmentfonds möglich. Ein Zusammenschluss mehrerer (meist institutioneller Groß-)Anleger, die ihr Kapital zusammenschmissen, um eine breite Portfoliostreuung und damit höhere Sicherheit zu erreichen.

Heute können Privatanleger wie Du und ich, bereits mit Kleinstbeträgen von 25 Euro einen ETF und damit ein Portfolio und eine Sicherheit erwerben, die früher nur den Reichen und Superreichen vorbehalten war. Zudem können wir jeden ETF jederzeit kaufen und verkaufen, was Zusatzgewinne ermöglicht (aber in diesem Buch nur am Rande behandelt wird). Mittlerweile kann man alleine an der Frankfurter Börse bereits aus mehr als 1.000 verschiedenen ETFs wählen. Besonders attraktiv für Kleinanleger ist dabei die Kostenstruktur von durchschnittlich 0,5% (selten über 0,7%). ETFs erreichen diese günstige Kostenstruktur, da sie nicht von menschlichen Fondsmanagern, sondern von einem Computersystem gemanagt werden.

Physischer oder synthetischer ETF?

ETFs bilden Indizes ab. Diese Abbildung wird im Fachjargon Replikation genannt. Aber wie funktioniert die Replikation? Grundsätzlich gibt es zwei verschiedene Ansätze. Ein ETF kann entweder physisch (Voll- oder Teilreplikation) oder synthetisch (Swap-Geschäft) repliziert werden. Keine Sorge, was sich erstmal wie der Film »The big short« anhört, ist eigentlich ganz einfach zu verstehen.

Physischer ETF (Vollreplikation)

Ein physischer ETF kauft die Werte des Index, den er abbildet und gewichtet sie entsprechend. Werden alle Werte erworben, spricht man von einer Vollreplikation. Das ist beispielsweise bei einem Index der relativ wenige Werte umfasst, wie z. B. der DAX, möglich. Es gibt jedoch viele ETFs, die Indizes abbilden, die eine kaum überschaubare Anzahl von Aktien enthalten. Dazu gehört z. B. der bekannte MSCI World, mit über 1.600 Unternehmen aus über 23 Ländern. Eine physische Vollreplikation dieses globalen Aktienindex wäre jedoch nur unter horrenden Transaktionskosten möglich. Schließlich werden bei jedem Kauf Gebühren fällig. Deshalb hat sich die Finanzwirtschaft für diese Problematik eine praktikable Lösung ausgedacht.

Die Sampling-Methode (Teilreplikation)

Bei der Sampling-Methode werden jene Wertpapiere in das indexabbildende Portfolio aufgenommen, die diesen am besten repräsentieren, sprich, die größte Marktkapitalisierung (Gewichtung) im Index haben. Damit vermeidet der ETF hohe Kosten durch ständiges Kaufen und Verkaufen und senkt damit die Gebühren für uns Anleger. In der Praxis macht es für uns Kleinanleger auf den ersten Blick kaum einen Unterschied. Allerdings muss man erwähnen, dass die Diversifikation ein wenig leidet, da nicht mehr alle, sondern nur noch einige ausgewählte Werte im Portfolio vertreten sind. Das kann dann Bedeutung gewinnen, wenn die Märkte turbulent werden.

Gerade bei der physischen Replikation von Indizes treten infolgedessen häufig Differenzen zwischen dem Indexkurs und dem ETF-Kurswert auf. Würde das Computersystem alle Werte ständig aktualisieren, wären damit exorbitante Kosten und damit hohe Gebühren für uns verbunden. Das versucht der ETF-Anbieter zu vermeiden. Er lässt daher gewisse Toleranzgrenzen zu und aktualisiert Veränderungen nicht in Echtzeit. Diese Differenz zwischen Index und ETF wird als »Tracking-Error« bezeichnet, ist aber kein Grund zur Beunruhigung, da die Differenz bis Börsenschluss meist aufgehoben ist.

Synthetischer ETF (Swap-Replikation)

Neben der physischen Voll- bzw. Teilreplikation gibt es eine zweite Methode, wie ETFs Indizes abbilden können. Diese ETFs werden als synthetische (künstliche) ETFs bezeichnet, da ihre Replikation über sogenannte Swap-Geschäfte vollzogen wird. Das heißt, dass nur ein geringer Teil der im Index enthaltenen Wertpapiere physisch erworben werden (Basisportfolio), um möglichst niedrige Transaktionskosten zu garantieren. Darüber hinaus wird der Index durch ein Swap-Geschäft zwischen dem ETF-Anbieter und einem Swap-Partner, meist einer Bank, repliziert. Der Swap-Partner garantiert, im Rahmen eines geschlossenen Vertrages, eine negative Differenz zwischen dem ETF und dem Index durch Ausgleichszahlungen zu egalisieren. Umgekehrt gilt: Ist die Differenz positiv, sprich, verdient der ETF mehr als der Index anzeigt, muss der Fonds eine Zahlung an den Vertragspartner leisten.

Es gilt zu beachten, dass synthetische ETFs keine Dividenden ausschütten, sondern diese lediglich thesaurieren (reinvestieren). Das war bislang steuerlich vorteilhaft, da nur die Kursentwicklung betrachtet wurde. Dieser Vorteil wird jedoch mit Einführung des Investmentsteuergesetzes zum 01.01.2018 hinfällig. Da keine Dividenden ausgeschüttet werden, sind Swap-ETFs die falsche Entscheidung, sollte es Dein Ziel sein, Dir ein passives Nebeneinkommen mit ETFs aufzubauen. Darüber hinaus besteht bei Swap-ETFs das sogenannte Kontrahentenrisiko. Da der ETF über ein Swap-Geschäft mit einem Partner abgebildet wird, musst Du das Risiko des Insolvenzfalls der Partnerbank zumindest in Betracht ziehen. Verluste würdest Du machen, wenn der Aktienkorb zum Insolvenzzeitpunkt weniger wert ist, als die Indexnotierung und keine Ausgleichszahlung mehr fließt. Dieses Risiko ist dank dem »UCITS-Regularium« der Europäischen Union allerdings gesetzlich auf 10 Prozent des Fondsvermögens begrenzt. Zudem werden vom Swap-Partner Sicherheiten hinterlegt, die im Ernstfall zum Tragen kommen. Das heißt, dass synthetische ETFs gerade in Zeiten stürmischer Finanzkrisen risikoreicher sind, als physische. Es muss allerdings dazugesagt werden, dass in der Finanzkrise 2008 kein derartiger Fall bekannt wurde. Auf der anderen Seite können manche Indizes, wie zum Beispiel der »ShortDAX« (Wette gegen den DAX bzw. auf eine negative Entwicklung des DAX), nur durch synthetische ETFs nachgebildet werden.

Die jeweilige ETF-Art kannst Du der Beschreibung des Anbieters entnehmen. Insgesamt sind in Europa und Asien eher Swap-ETFs üblich, während in den USA physisch replizierende ETFs den Markt beherrschen. Um Dir die Entscheidung zu erleichtern, habe ich Dir die Vor- und Nachteile noch einmal gegenübergestellt.

	Physisch	Synthetisch
Vorteile	• Transparenter und einfacher • Höhere Diversifikation • Passives Einkommen durch Dividenden möglich	• genauere Replikation des Index • niedrigere Gebühren • Short-Wetten möglich
Vorteile	• etwas höhere Gebühren • ungenauere Replikation des Index • Keine Short-ETFs	• Kontrahentenrisiko • eringere Diversifikation • keine Dividendenausschüttung

Performance Index oder Kursindex?

Bevor wir uns den Unterschied zwischen thesaurierenden und ausschüttenden ETFs ansehen, müssen wir die Unterscheidung zwischen zwei
verschiedenen Index-Arten kennen, da diese unmittelbaren Einfluss auf die
ETF-Auswahl haben. Grundsätzlich unterscheidet man zwischen Performanceindex und Kursindex. Dabei geht es um die wesentliche Frage: Dividende, ja oder nein?

Nun schreist Du bestimmt auf. »Natürlich will ich eine Dividende! Was
für eine Frage?!« Genau so ging es mir am Anfang auch. Schließlich ist die
Dividende das Herzstück einer jeden Aktieninvestition. Aber eins nach dem
anderen.

Bei der Unterscheidung zwischen Performance- und Kursindex geht es
darum, wie der Börsenindex mit Dividendenzahlungen umgeht und damit
Einfluss auf die Kursentwicklung des ETF nimmt.

Kursindex-ETFs:
Die Abbildung des Kursindex bedeutet, dass die Kursentwicklung aller enthaltenen Werte gemessen wird. Das heißt, dass weder Dividenden- noch
Zinszahlungen für die Performance-Messung eine Rolle spielen. Im Fachjargon spricht man von einer Bereinigung dieser »Sonderzahlungen«. Der
US-amerikanische Aktienindex »Dow Jones« oder der europäische Aktienindex »Euro Stoxx 50« sind die bekanntesten Kursindizes.

Häufig steigen die Aktienkurse der jeweiligen Unternehmen im Vorfeld von Dividendenausschüttungen, weil sie für eine dividendenfreund-
liche Politik bekannt sind und sinken im Nachgang ungefähr um die Höhe
der Dividendenzahlungen, dem sogenannten Dividendenabschlag. Schließlich ist das Unternehmen durch die Gewinnausschüttung weniger wert
geworden. Noch deutlicher wird dieser Kursrückgang, wenn gleich mehrere Unternehmen zugleich einen Teil ihrer Unternehmensgewinne an
ihre Aktionäre ausschütten. Im Jahr 2016 schütteten beispielsweise alle

DAX-Konzerne, mit Ausnahme der Commerzbank, eine Dividende aus. Einige sogar am selben Tag. Die Ausschüttungen erfolgen zwischen März und Juli – die meisten im Mai. Als ETF-Investor sind wir von diesem Phänomen also ganz besonders betroffen.

Diesen Unterschied und den Zeitpunkt der Hauptversammlungen (hier werden die Entscheidungen über Dividendenzahlungen getroffen) zu kennen, ist insbesondere für den adäquaten Einstiegsaugenblick von Bedeutung. Mit dem Kauf von Aktien bzw. ETFs vor der Hauptversammlung ist also in der Regel kein Zusatzgewinn zu erzielen. Allerdings muss man festhalten, dass an den Finanzmärkten die Erwartungen der Marktteilnehmer eine sehr große Rolle spielen und dadurch Verzerrungen hervorrufen können. Der Anstieg im Vorfeld kann also durchaus größer sein, als später die Dividende und somit der Dividendenabschlag. Für den angelsächsischen Raum gilt dies ganz besonders, da hier zwischen der Hauptversammlung, dem Dividendenbeschlusstag, und dem Ausschüttungstag, einige Wochen liegen können. Allerdings erfolgen die Dividendenausschüttungen dort häufig quartalsweise, weshalb der Kursrückgang in der Regel geringer ausfällt.

An dieser Stelle möchte ich kurz auf ein neues Gesetz vom 01.01.2017 (§ 58 Abs. 4 AktG) verweisen, das diesen Trend auch hierzulande fördern könnte. Während man als Aktionär eines deutschen Unternehmens bislang die Auszahlung der Dividende am Tag nach der Hauptversammlung erhielt, erfolgt die Auszahlung der Dividende nach den neuen gesetzlichen Bestimmungen nun erst drei Geschäftstage nach der Hauptversammlung.

Performance-Index-ETFs

Wenn beim Kursindex Dividenden- und Zinszahlungen nicht in die Indexentwicklung aufgenommen werden, kannst Du Dir bestimmt denken, dass dies bei Performance-Indizes umgekehrt sein muss. Hier werden alle Erträge, ob Dividenden oder Zinsen, mit in die Berechnung der Kursentwicklung einbezogen. Der bekannteste Performanceindex hierzulande ist der DAX. Auf lange Sicht ist die Kursentwicklung bei Performance-Indizes in der Regel besser. Das ist für Investoren, die sich durch einen langfristigen Anlagehorizont ein Vermögen aufbauen wollen, in der Regel die bessere Entscheidung.

Welche Auswirkungen hat die Index-Art auf den ETF?

Wird von einem ETF ein Kursindex abgebildet, dann werden Dividenden- und Zinserträge an den ETF-Inhaber ausbezahlt. Mit Ausschüttungen kann man an bis zu 4 Terminen pro Jahr rechnen. In der Zwischenzeit werden nicht ausbezahlte Dividenden als Barvermögen im ETF gehalten, was für die kurzfristige Kursentwicklung des ETFs meist positiv ist. Somit sind ETFs auf Kursindizes vor allem etwas für Personen, die sich ein passives Nebeneinkommen aufbauen wollen, oder ihre Erträge anderweitig reinvestieren möchten.

Wird von einem ETF ein Performance-Index abgebildet, werden Dividenden nicht ausgeschüttet, sondern sofort reinvestiert. Damit ist bei Performance-Indizes die kurzfristige Entwicklung zwar etwas schlechter, die langfristige aber besser. ETFs auf Performance-Indizes eigenen sich somit für Personen, die voll vom Zinseszins-Mechanismus profitieren wollen und ein Vermögen aufbauen wollen, ohne Erträge selbst reinvestieren zu müssen.

Thesaurierend oder ausschüttend?

An die Entscheidungsfindung, ob Performance- oder Kursindex, schließt sich die Frage an, ob Du lieber in thesaurierende oder ausschüttende ETFs investieren willst.

Thesaurierende ETFs

Thesaurierende ETFs reinvestieren Erträge. Das heißt, dass sie Erträge wie Dividenden (bei Aktien) und Zinsen (bei Anleihen), wieder in den Fonds angelegt werden. Diesen Prozess der Wiederveranlagung bezeichnet man als thesaurieren. Du erhältst aus Deinen Investitionen in thesaurierende ETFs keine Auszahlungen, was den Wert des ETFs sukzessive erhöht und einen Zinseszins-Effekt erzeugt.

Ausschüttende ETFs

Ausschüttende ETFs schütten Erträge aus. Das heißt, dass sie Erträge wie Dividenden und Zinsen an Dich, den Anleger, auszahlen. In welchen zeitlichen Abständen die Ausschüttung erfolgt (jährlich, quartalsweise oder monatlich) erfährst Du in der Beschreibung des ETF. Die Erträge kannst Du nutzen, um Dir ein nettes Zweiteinkommen aufzubauen oder in andere Wertpapiere zu investieren. Auf der anderen Seite profitierst Du bei ausschüttenden ETFs nicht vom Zinseszins-Effekt, es sei denn, Du reinvestierst Deine Erträge selbst. Wer zum Beispiel 100.000 Euro in den ausschüttenden iShares DivDAX ETF investiert hat, konnte im Jahr 2016, bei einer Ausschüttung von 0,32 Euro pro ETF-Anteil (Kosten pro Anteil: 17,18 Euro), mit 1.862,63 Euro Erträgen rechnen.

Wichtig: Die Kursentwicklung von ausschüttenden Fonds ist, wegen der ausbezahlten Dividendenbeträge (die dem Fondsguthaben entzogen werden), in der Regel schwächer als die von wiederanlegenden Fonds.

Thesaurierend oder ausschüttend?

Bei der Wahl zwischen thesaurierendem und ausschüttendem ETF gibt es kein richtig oder falsch. Vielmehr kommt es bei der Auswahl Deiner ETF-Investitionen auf Deine persönlichen Ziele und Präferenzen an. Was bevorzugst Du? Willst Du vom Zinseszins-Effekt profitieren und dadurch, im Verlauf einiger Jahre, ein Vermögen aufbauen? Oder möchtest Du die Erträge Deiner Investitionen regelmäßig ausbezahlt bekommen und Dir

	Thesaurierend	Ausschüttend
Vorteile	• Vermögen im Alter • Volle Nutzung des Zinseszins-Effekts • Keine extra Gebühren für die Reinvestition • Kaum Arbeit	• Passiver Einkommensaufbau möglich • »Sicheres« Einkommen durch Dividenden • Steuerlich einfacher, da Dividenden sofort mit dem Freistellungsauftrag verrechnet werden • Klumpenrisiko kann reduziert werden, wenn Erträge anderweitig reinvestiert werden
Vorteile	• Reinvestition erfolgt immer in denselben ETF • Passiver Einkommensaufbau nicht möglich • Auszahlung erst bei Verkauf der Anteile	• Bei der Reinvestition ausgeschütteter Erträge fallen erneut Transaktionskosten an. • Barauszahlungen werden häufig nicht für den Vermögensaufbau genutzt, sondern verkonsumiert, dadurch wächst das Gesamtdepotvolumen nicht weiter

ETFs und ihre Kosten

»Sobald wir anfangen, die Kosten zu berechnen,
beginnen die Kosten.««

HENRY DAVID THOREAU

Ein weiterer, wichtiger Baustein bei ETF- Investitionen sind möglicherweise anfallende Kosten bzw. Gebühren. Dieser Punkt ist wichtig, weil alle Kosten – wie im wahren Leben – Deine Rendite bzw. Dein Budget verringern. Je niedriger Du also Deine Kosten- und Gebührenstruktur bei ETFs zu halten in der Lage bist (vergleichbar mit Deinen alltäglichen Ausgaben), umso höher wird Deine Rendite (im Vergleich Dein Budget). Während einige der Kosten und Gebühren auch bei der Investition in andere Werte, wie z. B. Aktien oder Zertifikate, fällig werden, sind andere ETF-spezifisch. In diesem Kapitel kannst Du Dir einen nicht zu vernachlässigen Gesamtüberblick verschaffen.

Depotkosten

Ohne Depot nix los! Wenn Du am Finanzmarktgeschehen teilhaben willst, brauchst Du ein Depot. Das Depot ist wie Dein digitaler Safe, in dem Deine erworbenen Wertpapiere lagern.
Depots können heutzutage bei den meisten Online-Banken und vielen Onlinebrokern kostenfrei eingerichtet werden. Auf den Faktor kostenlos solltest Du hier unbedingt achten, um Deine Rendite nicht mit sinnlosen Gebühren zu schmälern.

Welche Online-Bank bzw. welcher Onlinebroker der Richtige ist, solltest Du anhand der Faktoren Ordergebühren, Möglichkeit der Einrichtung von ETF-Sparplänen, Dynamisierung der Sparrate, ETF-Vertriebspartner, etc. entscheiden. Einen Vergleich der 8 besten deutschen Depotanbieter (4 Onlinebanken und 4 Onlinebroker) erhältst Du unter *www.klhe.de/finance/bonus*.

Transaktionskosten (Ordergebühren)

Bei Kauf und Verkauf von Wertpapieren am Finanzmarkt werden in der Regel Gebühren für die Nutzung des Handelsplatzes oder der Broker-Dienstleistung fällig. Im Allgemeinen spricht man von sogenannten Transaktionskosten. Während Du beim Verkauf von ETFs kaum um Transaktionskosten (meist Handelsplatzgebühren) herumkommst, solltest Du Ordergebühren so gering wie möglich halten.

Ordergebühren setzen sich aus sogenannten Bankspesen und dem Börsenplatzentgeld zusammen. Das heißt, dass der Broker für jeden Kauf und Verkauf eine Gebühr von Dir verlangt. Diese Gebühr wird entweder pauschal (z. B. 4,90€ pro Trade) oder als prozentualer Anteil am Ordervolumen berechnet. Sie können, wenn man geschickt vorgeht, bei ETF-Sparplänen eliminiert werden, indem Du einen ETF-Sparplan eines Vertragspartners Deines Online-Brokers einrichtest. Welche Online-Bank bzw. welcher Onlinebroker kostenfreie ETF-Sparpläne anbietet, kannst Du ebenfalls dem PDF entnehmen.

Verwaltungskosten (TER)

Verwaltungsgebühren sind eine wichtige Kennzahl für ETFs. Sie sind zwar – im Vergleich zu aktiv gemanagten Fonds – überaus gering, unterscheiden sich aber von ETF zu ETF. Auf den ersten Blick wirken die Unterschiede zwar gering, da sie sich im Zehntel-Prozent Bereich bewegen, nachdem wir jedoch den Zinseszins-Effekt kennengelernt haben, sollte uns klar sein, dass auch das – gerade auf lange Sicht – enorme Auswirkungen haben kann.

Im Fachjargon werden die Gesamtverwaltungskosten als sogenannte »Total Expense Ratio« (TER) bezeichnet. Mit diesem Begriff werden alle Kosten zusammengefasst, die im Laufe eines Jahres für das passive Portfoliomanagement, die Wirtschaftsprüfung, etc. anfallen. Die TER wird tagesaktuell berechnet. Die Kosten werden mit dem Fondsvermögen multipliziert und von diesem abgezogen.

Im Durchschnitt liegen die Kosten eines ETF in Europa bei 0,4% pro Jahr. Es gibt allerdings Aktien-ETFs, die es auf einen TER von nahezu null Prozent bringen! Dagegen wirken die Verwaltungskosten eines klassisch, aktiv gemanagten Fonds mit 1-3% wie ein Renditekiller!

Wie hoch die Gesamtkostenquote (TER) für den jeweiligen ETF ist, erfährst Du im ETF-Verkaufsprospekt oder durch Eingabe der »international Securities Identification Number« (ISIN) in Google. Dabei solltest Du beachten, dass ETFs mit einem höheren TER nicht zwangsläufig besser abschneiden, als ETFs mit einem geringen TER!

Ausgabeaufschlag (Agio)

Der Ausgabeaufschlag, Agio im Fachjargon, ist hier eigentlich fehl am Platz. Schließlich wird er bei passiv gemanagten Indexfonds und ETFs nicht fällig. Ich habe ihn dennoch aufgenommen, um zu zeigen, dass Du Dir gegenüber aktiv gemanagten Fonds Geld sparst und damit Deine Rendite steigt. Bei aktiv gemanagten Fonds wird der Ausgabeaufschlag beim Erwerb von Fondsanteilen zusätzlich zum Kaufpreis fällig. Da ETFs direkt über die Börse und nicht über die Fondsgesellschaft erworben werden, ist der Ausgabeaufschlag bei ETFs nicht zu bezahlen. Damit sparst Du Kosten von bis zu 5%!

Handelsspanne: Der Spread

Als Spread wird die Differenz zwischen Kauf- und Verkaufspreis bezeichnet. Um ein Marktungleichgewicht zu vermeiden, kostet der Kauf eines ETF-Anteils zum gegebenen Zeitpunkt mehr, als durch einen Verkauf zu erzielen wäre. Sonst könnte man dadurch Zusatzgewinne erwirtschaften und Marktungleichgewichte durch sogenannte Arbitragegeschäfte ausnutzen. Der Spread ist allerdings, im Gegensatz zu Aktien, bei ETFs sehr gering, läuft beim Verkauf von ETFs jedoch als Kostenpunkt auf.

Eigentümergebühren (TCO)

Hier lauert ein weiterer, vermeintlich komplizierter, Fachbegriff auf uns. Die Eigentümergebühren, bzw. »Total Costs of Ownership« (TCO) sind zwar weitgehend unbekannt, können aber durchaus als eine interessante Kennzahl dienen. Schließlich fassen die TCO alle Kosten zusammen, die innerhalb des ETF auflaufen und damit nicht im TER widergespiegelt werden.

Konkret sind das sowohl Spreads bei physischen ETFs und Swap-Gebühren (mit der Partnerbank) bei synthetischen ETFs, als auch Depot- und Ordergebühren. Somit fassen die TCO alle Kosten zusammen, die für uns als Anleger fällig werden, um ETF-Anteile zu erwerben und in unserem Depot zu lagern.

Informationskosten

Als Informationskosten bezeichnet man im Wesentlichen die Kosten, die in Verbindung mit dem profitablen Erwerb bzw. Verkauf von Wertpapieren fällig werden. Dazu zählt in unserem Fall vor allem die Zeit, die wir einsetzen, um uns ausreichend zu Informieren und somit gute Entscheidungen treffen zu können. Diese Entscheidungen beziehen sich am Finanzmarkt in der Regel auf die Rendite-Risikobeziehung. Da wir mit ETFs bereits in ein diversifiziertes Aktiengemisch investieren, senken wir diese Informationskosten, z. B. gegenüber dem Erwerb von Einzeltiteln. Dennoch sollten Informationskosten, gerade wenn man häufiger kauft und verkauft, mit in die Rechnung einbezogen werden.

Warum kein aktiv gemanagter Fonds?

»Die Intelligenz von Hedgefondsmanagern ist in der Regel nicht höher als die Kosten, die sie von ihren Investoren verlangen. Langfristig wird man mit passiven und günstigen Indexfonds besser fahren.«

WARREN BUFFETT

Der größte Konkurrent von ETFs für Privatanleger sind aktiv gemanagte Fonds. Insbesondere deshalb, weil aktiv gemanagte Fonds bei einer Vermittlung neuer Kunden für Bankberater Provisionen versprechen und daher in Banken aktiv beworben werden – ETFs nicht. Der Ausgabeaufschlag allein reicht aber noch lange nicht als Grund, computergemanagte ETFs, aktiven, von Menschen gemanagten Fonds, vorzuziehen. Daher soll in diesem Kapitel eine kurze Analyse erfolgen.

Bereits 1933 hat der US-Forscher Alfred Cowles herausgefunden, dass der Erwerb einer zufälligen Auswahl von Einzeltiteln am Finanzmarkt dasselbe Rendite-Resultat hervorbringt, wie eine Auswahl, die von Profis getroffen wurde. Diese umwälzende Entdeckung wurde viele Jahrzehnte später (1973), vom US-Ökonom Burton Malkiel untermauert. Er traf eine Aussage, die bis heute im Finanzmarktgeschäft für Furore sorgt. Ein Affe könne »mit verbundenen Augen Dartpfeile auf eine Zeitungsseite mit Kursen« werfen und würde damit auch nicht schlechter fahren, als hoch bezahlte Experten. Zeitgleich entstanden die ersten indexnahen Fonds für professionelle Anleger. Ein Jahr später bestärkt der Wirtschaftsnobelpreisträger Paul Samuelson diese provokative Aussage in einem Fachartikel im »Journal of Portfolio Management«. Sein Fazit:

- Passiv gemanagte Fonds sind günstiger als aktiv gemanagte Fonds
- Passive Fonds bringen höhere Gewinne!

Heute ist es kein Geheimnis mehr, dass es auf lange Sicht nur ganz wenigen Fondsmanagern gelingt, ihren Vergleichsindex zu schlagen! Das lassen sich die Fondsmanager jedoch mit hohen Gebühren bezahlen. Diese

Theorie geht mit der Theorie der effizienten Märkte einher (Efficient Market Theory – EMT), die besagt, dass ein effizienter Markt, wie z. B. die Börse, mit öffentlich zugänglichen Informationen auf lange Sicht nicht geschlagen werden kann. Schlicht, weil alle Informationen bereits im Markt und dem aktuellen Wert des Wertpapiers eingepreist sind und damit kein Wissensvorsprung gegenüber der Konkurrenz erworben werden kann. Diese Theorien sind in der Finanzwelt bis heute heftig umstritten, schließlich würden sie alle Fondsmanager und Finanzberater auf einen Schlag überflüssig machen.

Aktiv gemanagte Fonds müssen höhere Gebühren durch höhere Renditen rechtfertigen. Das bedeutet, dass ein höheres Kauf- und Verkaufsvolumen erzeugt wird. Dadurch steigen jedoch wiederum die Transaktionskosten sowie die Steuerbelastung, da Gewinne häufiger realisiert werden. Das schmälert die Gesamtrendite. Daher setzen aktive Fondsmanager verstärkt auf wenige Werte im Portfolio, was zu einem erhöhten Klumpenrisiko führt.

Last but not least wurde im Artikel »Peinliche Renditen« der FAZ (06.05.2017) von der »Europäischen Wertpapier- und Finanzmarktaufsicht« (ESMA) mindestens 5 bis 15 Prozent aller Fondsmanager vorgeworfen, Managementgebühren einzukassieren und letzten Endes doch nur passiv gemanagte Fonds bzw. Indizes abzubilden. Laut dem Analysehaus Morningstar ist sind sogar ein Fünftel aller aktiv gemanagten Fonds in Europa sogenannte »Index-Schmuser«. Ein Beispiel ist der »Uni Fonds« (seit 1956), der eine Indexnähe zum MSCI Germany von über 98 Prozent aufzeigt und sich hierfür jährlich Gebühren von 1,46 Prozent einstreicht. Der alternative ETF »Comstage DAX« (ISIN: LU0378438732) verlangt hingegen Gebühren von nur 0,08%.

Diese genannten Gründe sorgen dafür, dass vermehrt in ETFs investiert wird, bzw. Gelder aus aktiv (vor allem pseudoaktiv) gemanagten Fonds abgezogen werden. Davon können wir als Privatanleger nur profitieren. ETFs haben, gegenüber traditionellen Aktienfonds, gerade was ihre Gebührenstruktur angeht, deutliche Vorteile!

Zur Verdeutlichung ein Beispiel:

Anna Activa und Peter Passiva sind ein Paar. Beide verfolgen den Traum, deutlich früher in Rente zu gehen. Sie entscheiden sich, ab sofort 500 Euro monatlich für 25 Jahre zu investieren. Anna Activa entscheidet sich für einen aktiv gemanagten Fonds. Peter Passiva hingegen für einen passiv gemanagten ETF. Beide erzielen dieselbe Rendite von 8 Prozent. Allerdings kostet der Fonds von Anna Gebühren von 1,5 Prozent, während für den Fonds von Peter nur 0,17 Prozent Gebühren fällig werden. Das Ergebnis nach 25 Jahren?

- Peter Passiva: 462.583€
- Anna Activa: 374.417€

Peter Passiva hat 88.165€ mehr als Anna erzielt. Geld, dass Anna einzig und allein für das Fondsmanagement ausgegeben hat!

Letzten Endes ist für uns »langfristig« das zentrale Adjektiv. Während aktiv gemanagte Fonds gerade in Krisenzeiten gewisse Vorteile bieten, sind passiv gemanagte Indexfonds für Privatanleger mit einem langfristigen Anlagehorizont die deutlich günstigere und lukrativere Lösung.

Vorteile vs. Nachteile von ETFs

*»Es gibt tausend Möglichkeiten, Geld loszuwerden, aber nur zwei,
es zu erwerben: Entweder wir arbeiten für Geld –
oder das Geld arbeitet für uns.«*

BERNARD MANNES BARUCH

Bevor wir uns nun den konkreten ETF-Klassen widmen, soll eine kurze Gegenüberstellung der Vor- und Nachteile von ETFs erfolgen. Ich hoffe, sie helfen Dir bei Deiner Investitionsentscheidung. Auch dem Börsenlaien sollte nach dieser Gegenüberstellung auffallen, dass sich nur wenige Nachteile bei ETFs finden lassen, die nicht auch bei anderen Anlageformen bestehen.

Nichtsdestotrotz ist die Abhängigkeit von Indizes ein Faktor, der gerade in Krisenzeiten zu großen Kurseinbußen führen kann. Zum Zeitpunkt der Überarbeitung dieses Buches (Januar 2019) ist zwar noch nicht von einer Krise die Rede, dennoch haben die Aktienkurse 2018 eine starke Korrektur erfahren. Doch wir haben uns mit ETFs ja ohnehin für die »Faulbär-Strategie« des passiven Investierens mit langfristigem Anlagehorizont entschieden. Das heißt, wir verzichten in unruhigen Zeiten auf die Liquidität, die beispielsweise aktiv verwaltete Fonds auszeichnet, und vertrauen darauf, dass jedem Tief wieder ein Hoch folgt. Die Faulbär-Investsitionsstrategie ist somit nur mit einem langfristigen Anlagehorizont vereinbar - alles andere ist Spekulation.

Somit überwiegen die Vorteile von ETFs die Nachteile um Längen! Als passiver Investor haben wir Zeitrahmen von mehreren Jahren bzw. Jahrzehnten im Auge. Das heißt, dass wir Krisen aussetzen müssen, statt (zu) aktiv auf sie zu reagieren und damit kurzfristige Kursverluste, z. B. in Finanzkrisen, auf lange Sicht kaum eine Rolle für uns spielen.

Vorteile von ETFs	Nachteile von ETFs
• Einfacher Einstieg für Anfänger (bereits ab 25 Euro) • Hohe Liquidität → jederzeit verkaufbar, kaufbar und nachkaufbar • Hohe Transparenz → wir wissen als Anleger zu jeder Zeit, worin der ETF investiert ist. Bei aktiv gemanagten Fonds erfährt man das meist erst zum Quartalsende • Breit gestreutes Portfolio → hohe Diversifikation (ein ETF muss mind. 20 Unternehmen halten) → gute Risikostreuung zu einem unschlagbaren Preis • Kein Ausgabeaufschlag • Günstige Gebührenstruktur (geringer TER) • Hohe Flexibilität → Aufbau eines individualisierten Portfolios • Beliebtes Anlageinstrument → zusätzliche Kursgewinne möglich • Perfekt für passive, langfristig orientierte (faule) Privatanleger • Kein Emittentenrisiko, da ETFs zum sogenannten Sondervermögen zählen • Wir können mit ETFs auch in Branchen und sogar Rohstoffe (sog. ETCs) investieren und damit z. B. vom Anstieg von Gold, oder Silber profitieren, ohne es physisch erwerben zu müssen • Automatisierbarkeit durch das Aufsetzen eines ETF-Sparplans • Partizipation an Dividenden, Zinsen und steigenden Börsenkursen	• ETFs können mit ihrer Marktmacht eine Abschwungphase verstärken (wenn viele Anleger zugleich verkaufen) • ETFs halten generell weniger Barreserven, als aktiv gemanagte Fonds. In Krisenzeiten könnte die Auszahlung ausgesetzt werden (nur bei Nischenmärkten und nicht bei größeren Länder-ETFs) • ETFs, z. B. auf den großen MSCI World Index, sind riskant, weil sie auf Dollar lauten (→ Währungsrisiko → schlecht, sollte der Euro beim Verkauf schlechter stehen als beim Kauf). Dies ist jedoch kein ETF-spezifisches Risiko • Kontrahentenrisiko bei synthetischen ETFs → der Swap-Partner könnte zahlungsunfähig werden • In Krisenzeiten performen aktiv gemanagte Fonds i. d. R. besser • ETFs verlangen einen langfristigen Anlagehorizont (> 5 Jahre) • Bei ETFs sind, im Gegensatz zu z. B. Einzeltiteln, laufende Gebühren (TCO) zu bezahlen. Der Preis für das breit diversifizierte Portfolio, das wir erwerben • Mit Länder-ETFs ist es nicht möglich sogenannte Überrenditen zu erzielen, da sie immer den jeweiligen Markt abbilden • Die große Nachfrage nach ETFs hat eine fast unüberschaubare Angebotsvielfalt hervorgebracht.

Alle ETF-Klassen im Überblick

»Und in dem Wie, da liegt der ganze Unterschied.«

HUGO VON HOFMANNSTHAL

Wie bereits erläutert, gibt es nicht nur ETFs, die auf Länderindizes lauten, sondern eine ganze Reihe vollkommen verschiedener sogenannter ETF-Klassen. Da dieses Buch auf Umsetzbarkeit und Praktikabilität ausgelegt ist, möchte ich Dich nicht mit zu theoretischen Konzepten und Beschreibungen langweilen. Nichtsdestotrotz ist die Vielfalt innerhalb der Welt der ETFs mittlerweile kaum noch zu durchschauen. Daher werden in diesem Kapitel die wichtigsten ETF-Klassen kurz erläutert, Besonderheiten aufgezeigt sowie Nutzen und Risiko gegenübergestellt.

	Erläuterung	Besonderheit	Nutzen & Risiko
Aktien ETFs (Substanzwerte)	• Häufigste ETF-Klasse (größte Auswahl). • Abbildung von Länderindizes bzw. der Aktienstruktur gewisser Regionen, Sektoren und Branchen.	• Mit Länder-ETFs (z. B. Deutschland, USA, Europa, Schwellenländer, etc.) und Branchen-ETFs (z. B. Landwirtschaft, erneuerbare Energien, Versicherungen, Rohstofflieferanten, Wasserversorger, etc.) kann man am Aufschwung einzelner Länder und Branchen mit partizipieren.	• Aktien-ETFs werfen von allen ETF-Klassen die höchsten Renditen ab, sind aber zugleich mit dem höchsten Risiko behaftet. • Größte Auswahl.

	Erläuterung	Besonderheit	Nutzen & Risiko
Renten-ETFs (Liquidität / Renten-werte)	• Bilden in der Regel Staats- und Unternehmensanleihen-Indizes ab. • Die meisten Angebote gibt es für ETFs auf den Index deutscher Staatsanleihen (aber auch immer mehr Schwellenländer). • Der Rentenmarkt bezeichnet i. d. R. den Geldmarkt.	• Beliebte Depot-Beimischung. • Geringe Rendite. • Die Laufzeiten haben nichts mit der Haltedauer zu tun. Renten-ETFs sind jederzeit liquide. • Gut, um Geld kurzfristig besser verzinst als auf dem Tagesgeldkonto zu »parken«.	• Niedriges Risiko (zur Diversifikation). • Relativ sichere Auszahlung da festverzinsliche Wertpapiere. • Gewinnen in Zeiten fallender (Notenbank-) Zinsen und verlieren bei steigenden Zinsen. • Geringere Kursschwankungen als Aktien-ETFs.

	Erläuterung	Besonderheit	Nutzen & Risiko
Rohstoff-ETFs (alternative Investments)	• Rohstoff-ETFs werden in der Regel als Exchange Traded Commodities (ETCs)bezeichnet. • ETCs spiegeln die Preisentwicklung einzelner Rohstoffe wider.	• In Europa müssen Fonds, zum Wohle des Kleinanlegers, breit diversifiziert sein. • ETCs dürfen daher nicht in einen einzigen Rohstoff investieren. Stattdessen werden Rohstoffindizes abgebildet und sind somit synthetisch (Swap-basiert).	• Kann der Portfoliodiversifikation dienen. • Edelmetalle sind in Krisen stark (sowohl physisch als auch digital). • Während Gas immer gefragter wird, verknappt Öl zunehmend. Das kann langfristig zu Preissteigerungen führen.

	Erläuterung	Besonderheit	Nutzen & Risiko
Währungsgesicherte ETFs	• Bei Investitionen außerhalb des Euro-Währungsraums können sich Risiken im Hinblick auf die Wechselkursentwicklung ergeben. • Währungsgesicherte ETFs tragen meist die Bezeichnung »hedged«.	• Die meisten dieser ETFs sind auf Monatsbasis abgesichert. Mittlerweile sind aber auch schon ETFs auf Tagesbasis erhältlich. • »Hedged«-ETFs reduzieren das Risiko durch Wechselkursschwankungen Verluste zu erleiden.	• Der Wechselkurs zwischen Europa und den USA ist mittlerweile überaus stabil. • »Hedged«-ETFs können dem Portfolio zur Sicherheit beigemischt werden.

	Erläuterung	Besonderheit	Nutzen & Risiko
Short-ETFs (Liquidität)	• Mit Short-ETFs kannst Du gegen einen Index wetten, da sie die Entwicklung des Index in umgekehrter Form spiegeln. Das heißt, Du spekulierst auf Kursrückgänge!	• Fällt der DAX um 10 Prozent, steigt der Short-ETF auf den DAX rund 10 Prozent und umgekehrt. • Steigt der DAX von 100 auf 110 Punkte, dann fällt der Short-ETF von 100 auf 90 Punkte (und umgekehrt). • Veränderungen des Short-Index beziehen sich immer auf den Vortag.	• Nur etwas für Experten. • Verluste können nicht durch Gewinne im selben Ausmaß ausgeglichen werden. • Short-ETFs sind eher etwas für den kurz- oder mittelfristigen Anlagehorizont bzw. dienen der Depotsicherung.

	Erläuterung	Besonderheit	Nutzen & Risiko
Portfolio-ETFs (Sach- und Substanzwerte)	• Mischfonds-ETFs vereinen ETFs verschiedener Klassen. • Angestrebt wird eine ausgewogene Portfoliostruktur aus Aktien, Anleihen, Geldmarkt und Immobilien.	• Früher gab es nur bei (teuren) aktiv gemanagten Fonds Mischfonds. • Ursprünglich wurden Mischfonds-ETFs für Stiftungen konzipiert. • Umschichtungen erfolgen maximal 8 Mal pro Jahr.	• Das Ziel ist, dass die Kombination verschiedener ETF-Klassen auf lange Sicht für eine stabile Wertentwicklung sorgt. • Hervorragende Risikodiversifikation. • Niedrigere Rendite als bei Aktien-ETFs.

	Erläuterung	Besonderheit	Nutzen & Risiko
Immobilien-ETFs (Sachwerte)	• Immobilien-ETFs werden als REITs (Real Estate Investment Trust) bezeichnet. • REITs bilden Immobilienindizes ab. Sie investieren somit in Aktien von Immobiliengesellschaften.	• Klein- und Privatanleger, die an der Explosion der Immobilienpreise teilhaben wollen, können das mit REITs tun. Früher war dies, wegen der extrem hohen Investitionsvolumina, nicht möglich.	• Kann der Risikodiversifikation dienen und zugleich hohe Erträge zu erwirtschaften. • Der Immobilienmarkt korreliert kaum mit dem Finanzmarkt. • REITs garantieren eine attraktive monatliche Dividende.

	Erläuterung	Besonderheit	Nutzen & Risiko
Gehebelte -ETFs (alternative Investments)	• Gehebelte ETFs erkennt man in der Regel an der Bezeichnung »Leveraged« (engl.). • Beim »Leveraged X2 DAX Index« wird die Kursentwicklung des DAX mit dem Faktor 2 multipliziert (gehebelt).	• Vom ETF-Anbieter ein Fremdfinanzierungshebel mit eingebaut. • Du nimmst somit ein kurzfristiges Darlehen auf. • Investiertes Kapital wird um den jeweiligen Faktor vervielfacht. • Steigt der DAX um 1%, steigt der Leveraged X2 DAX-Index um 2%. Dasselbe gilt für Verluste!	• Als Anfänger lieber auf dieses Instrument verzichten. • Mit »Leverage« kann man schnell hohe Gewinne erzeugen, sich aber genauso schnell gehörig die Finger verbrennen.

	Erläuterung	Besonderheit	Nutzen & Risiko
Hedge-fonds -ETFs (alternative Investments)	• Bei Hedgefonds-ETFs kann man die Vorteile von Hedgefonds (hohe Renditen) mit der breiten Diversifikation, niedrigen Kosten und der hohen Liquidität von ETFs vereinen.	• Hedgefonds sind normalerweise großen (institutionellen) Investoren vorbehalten.	• Geringe Transparenz. • Häufig auch Zugangsbeschränkungen und wenig liquide. • Eher kurzfristiges Anlageprodukt.

ETFs erfolgreich dechyffrieren

»Wenn man ins Wasser kommt, lernt man schwimmen.«

JOHANN WOLFGANG VON GOETHE

Wenn man sich das erste Mal mit ETFs beschäftigt, liegt der Gedanke nah, dass es sich um ein unwahrscheinlich kompliziertes Anlageprodukt handeln muss. Schließlich wirken die Bezeichnungen für ETFs wie Hieroglyphen. Aber keine Sorge. Nach diesem Kapitel bist Du in der Lage, mühelos jede ETF-Codierung zu knacken. Die meisten ETF-Bezeichnungen können in vier Hauptbestandteile zerlegt werden.

1. ETF-Anbieter (Fondsgesellschaft)
2. Abgebildeter Index (Indexname)
3. Anlegerschutzhinweis (Rechtshinweise)
4. Spezifische ETF-Merkmale und Zusätze

Für das praktische Verständnis wollen wir uns den großen und bekannten »db x-trackers MSCI World Index UCITS ETF (DR) 1D « (ISIN: IE00B-K1PV551) ansehen und in seine Einzelteile zerlegen.

1. Teil: db x-trackers. Der erste Teil der »ETF-Codierungen« besteht aus dem ETF-Anbieter, meist als Emittent bezeichnet. Das kann beim Kauf zu einem sehr wichtigen Faktor werden. Schließlich gibt es ETFs, die im Rahmen eines Sparplans bei bestimmten Depotanbietern (Partnern), kostenlos erworben werden können (keine Transaktionskosten bzw. Ordergebühren). Mit dem Ausdruck »Core« bezeichnet der ETF-Anbieter besonders beliebte odergünstige ETFs.

2. Teil: MSCI World Index. Der zweite Teil der Bezeichnung zeigt den Index, der durch den ETF gespiegelt werden soll. Solltest Du aus dieser Bezeichnung nicht schlau werden, erfährst Du mehr über den zugrundeliegenden Index im ETF-Verkaufsprospekt.

3. Teil: UCITS. Der dritte Teil der ETF-Bezeichnung sind regulatorische Hinweise. Das Kürzel »UCITS« findet sich dabei besonders häufig. Darin finden sich Pflichtinformationen (Anlegerschutzhinweis), die insbesondere den Privatanleger in Europa schützen sollen.

Teil 4: (DR) 1D. Der vierte Teil bezieht sich auf spezifische ETF-Merkmale und ist in seiner Vielfalt kaum zu überblicken, aber auch hier folgt man einem festen Schema. Die wichtigsten Bezeichnungen siehst Du auf der folgenden Seite aufgelistet.

Du solltest erkennen, dass es gar nicht so schwer ist, die auf den ersten Blick ziemlich kompliziert wirkenden Bezeichnungen von ETFs zu verstehen. Hast Du das Konzept einmal begriffen, ist es kinderleicht, den für Deine individuellen Präferenzen perfekten ETF herauszupicken. Diesem Ziel sind wir nun bereits ganz nah – dran bleiben!

Cheat-Sheet zur ETF-Entschlüsselung

- DR → Direct Replication (physische Vollreplikation)

- 1D / 1C / 3C → Anteilsklassen (Tranchen) des Fonds bzw. Angabe der Ertragsverwendung (ausschüttend/ thesaurierend)

- Hedged → währungsgesicherte ETFs (ETF wird z. B. in US-Dollar gehandelt und ist mit Euro abgesichert)

- D, Dis, Dist → ausschüttende ETFs

- C, Acc → thesaurierende ETFs

- Leveraged → gehebelte ETFs

- Government, Souvereign → Staatsanleihen ETFs

- Treasury → US-Staatsanleihen ETFs

- 1-2 yr / 1-3 (year) → Restlaufzeit der durch den Index abgebildeten Staatsanleihen

- Corporate → Unternehmensanleihen ETFs

- Aggregate → Unternehmens- und Staatsanleihen ETFs (gemischt)

- ex → von der Indexabbildung sind bestimmte Regionen oder Branchen ausgeschlossen

- High Yield Bonds → auch Junk-Bonds genannt → das sind hochverzinste Wertpapiere mit hohem Ausfallrisiko. Also lieber Finger weg!

- Inflation linked → ETFs deren Verzinsung an die Inflationsrate angepasst ist und Dir somit Schutz vor dem Inflationsrisiko bieten

- Investment Grade → Anleihen, die besonders hohe Bonität aufweisen (AAA, AA, A und BBB)

- Liquid → Anleihen-Index, der besonders häufig gehandelt wird

Der perfekte Start für Faulbären

»Geld ist ein guter Diener, aber ein schlechter Herr.«
HENRY GEORGE BOHN

Der erste Schritt einer »Investorenkarriere« ist immer der schwierigste. Unser Gehirn ist gespickt mit negativen Glaubenssätzen und falschen Denkmustern, die uns von unserem finanziellen Erfolg abhalten. In der Folge entscheiden wir uns häufig dazu, unser hart erarbeitetes Geld jetzt, hier und heute zu konsumieren. Konsum scheint sich als unsere neue Religion zu entpuppen. Wir verhalten uns wie Promis, was unseren Konsum anbelangt. Wir eifern ihnen jedoch nur selten nach, wenn es um ihre (passiven) Einkommensströme geht. Wir ziehen es vor, unser Geld heute zu verprassen, statt es zu unserem ganz eigenen Geldbaum zu machen, es einzupflanzen, hin und wieder zu pflegen, und in einigen Jahren enorme Früchte zu ernten.

Solange Du nicht bereit bist, einen Teil Deines monatlichen Einkommens zu sparen bzw. in zukünftige passive Einkommensströme zu investieren, wirst Du Dich immer weiter von finanzieller Freiheit entfernen.

Genau hierfür ist dieses Kapitel gedacht. Es soll Dir den Einstieg vereinfachen und aufzeigen, wie einfach es – mit kleinen Tricks sein kann – erste Investitionen vorzunehmen und vermögend zu werden.

Der Betrag, den Du investieren solltest

»Sparen ist eine gute Einnahme. Magnum vectigal est parsimonia.«

MARCUS TULLIUS CICERO

Wir leben in einer Zeit, da viele Menschen auf den einen großen Trick oder den ultimativen "Hack" warten. Den einen Coup, der über Nacht reich macht. Doch damit muss ich Dich enttäuschen. Sollte Dir jemand so etwas versprechen, ist es entweder unseriös oder illegal. Du musst selbst etwas tun und geduldig warten. Das gilt für den Vermögensaufbau genauso wie für alle anderen Ziele im Leben. Ohne kontinuierliche Bemühung (die wir durch ETF-Sparpläne automatisieren können) und Geduld (bespielsweise ein langfristiger Anlagehorizont) ist kaum ein Ziel zu erreichen. Die wichtigste Gewohnheit beim Vermögensaufbau ist, die eigenen Sparbemühungen zu automatisieren. Du solltest zukünftig mindestens 15, besser sogar mehr als 20 Prozent Deines monatlichen Netto-Einkommens zu sparen.

Warum ausgerechnet 20 Prozent?

20 Prozent ist keine zufällige Zahl, sondern eine finanztheoretisch fundierte Sparquote. Wade D. Pfau ist Professor am American College und Finanzplanungs- und Rentenexperte. Herr Pfau hat etwas Beeindruckendes herausgefunden.

Eine Person müsste im Durchschnitt 16,62 Prozent des Lohnes sparen, um mit dem Ersparten 30 Jahre später in Rente gehen zu können. Dann hätte diese Person genug Geld akkumuliert, um über eine monatliche Rente von 50 Prozent des Nettoeinkommens durch erspartes Vermögen zu verfügen. Und das, ohne die gesetzliche oder betriebliche Rente! Weil wir aber nicht erst in 30 Jahren finanziell frei sein wollen, habe ich die Sparquote zunächst auf 20 Prozent aufgerundet. Mit jedem zusätzlichen Prozent Sparquote, reduzierst Du Deine Wartezeit auf die finanzielle Unabhängigkeit um mehrere Monate. Und je früher Du damit anfängst, umso größer ist der Effekt. Diese Tatsache war mir ein treibender Ansporn!

Um die Relation zwischen Inflation, Einkommen, Sparquote, Zinses-zins-Effekt und finanzieller Freiheit noch besser verstehen zu können, soll ein Beispiel dienen. Dafür nehmen wir an, dass die Ausgaben für immer konstant bleiben, dass wir unser Geld mit einer konstanten Rendite von 5 Prozent (nach Inflation und Steuern) anlegen und dass wir ab der Renten-zeit nie mehr als 4 Prozent des erreichten Portfoliowertes entnehmen. Hast Du bislang noch gar kein Vermögen angespart, würden sich daraus fol-gende Szenarien für Dich ergeben:

- 10% Sparquote: 51,4 Jahre bis zur finanziellen Freiheit
- 20% Sparquote : 36,7 Jahre bis zur finanziellen Freiheit
- 30% Sparquote : 28 Jahre bis zur finanziellen Freiheit
- 40% Sparquote : 21,6 Jahre bis zur finanziellen Freiheit
- 50% Sparquote : 16,6 Jahre bis zur finanziellen Freiheit
- 60% Sparquote : 12,4 Jahre bis zur finanziellen Freiheit
- 70% Sparquote : 8,8 Jahre bis zur finanziellen Freiheit

Du kannst auf der Seite der Frugalisten *(https://frugalisten.de/rechner/)* anhand dieser Annahmen, Deinem Jahresgehalt und Deiner individuellen Sparquote selbst ausrechnen, wie lange es dauert, bis Du finanziell unab-hängig bist. Ich finde das genial, weil es ein vermeintlich utopisches Ziel greifbar werden lässt.

Wundere Dich jedoch nicht, warum Dich weder Familie noch Freunde dazu animieren. Sparen ist (im Moment) nicht gerade mit einem hohen Unterhaltungswert ausgestattet. Sobald Du aber zu sparen und (in ETFs) zu investieren beginnst, pflanzt und gießt Du Deinen Geldbaum. Je größer und kräftiger Dein Baum wird, umso motivierter wirst Du sein und wahr-scheinlich sogar versuchen, Deine Sparquote weiter zu erhöhen.

Die Konsequenz?

Mache es Dir zur Gewohnheit, mindestens 20 Prozent Deines Einkommens direkt am Monatsanfang in passive Einkommensströme zu investieren. Zahle Dich also selbst zuerst! Diese Denkgewohnheit stammt aus dem Klas-siker »Der reichste Mann von Babylon« aus dem Jahr 1926 und ist eines der ältesten Investmentgesetze überhaupt! Genau darum geht es, wenn Du passive Einkommensströme erzeugen bzw. ein Vermögen aufbauen willst. Du musst zuerst Dich selbst bezahlen und dann Andere (bzw. Deinen Konsumhunger stillen). Mit dieser Einstellung wirst Du selbst zur wichtigsten Rechnung, die Du Monat für Monat zu begleichen hast!

Die Ausrede, dass Dir dann das Geld am Monatsende nicht reicht, kann ich nicht gelten lassen. Das tut es schließlich nie. Das Thema persönliche Finanzen erfordert einen ehrlichen Blick in den Spiegel und das schonungslose Eingeständnis, selbst die Verantwortung zu übernehmen.

Wir können lernen, mit weniger auszukommen. In meinem Buch »Geld sparen und clever reich werden« sind Tipps und Tricks enthalten, die sogar Tausende Euro jährlich einsparen können! Doch ohne die Gewohnheit am Monatsanfang Geld wegzulegen, wird es Dir am Monatsende nie gelingen! Auf diese Weise bist Du sogar gezwungen, Deine Ausgaben zurückzuschrauben. Meistens klappt es sogar nur so!

Was, wenn 20 Prozent trotzdem zu viel sind?
Trotzdem gibt es viele Menschen, die wenig verdienen, und deshalb von Sparquoten von über 20 Prozent nur träumen können. Wenn auch Du dazugehörst, stecke den Kopf nicht in den Sand, sondern nutze die iterative 1-Prozent Methode.

Du startest im ersten Monat mit nur einem Prozent Sparquote und arbeitest Dich mit jedem neuen Monat um ein weiteres Prozent nach oben. So lange, bist Du, mindestens 20 Prozent monatlich erreicht hast. Auf diese Weise baust Du eine nachhaltige und langfristige Spar-Routine auf. Auf der einen Seite reduzierst Du sukzessive unnötige Ausgaben und zugleich startest Du, passiv (und vielleicht sogar aktiv) mehr Geld zu verdienen. So können aus einem Prozent eines Nettolohnes von 2.000 Euro am Jahresende auch 1.560€ werden. Und das, obwohl Du im ersten Monat nur 1 Prozent gespart hast (Monat 1: 20€; Monat 2: 40€; Monat 6: 120€; Monat 12: 240€, usw.). Geld sparen kann und will also gelernt sein!

Die perfekte Kontenstruktur für den ETF-Faulbär

»Konten sagen alles.«

Manfred Hinrich

Wenn Du Deine ETF-Investitionen so gut wie möglich automatisieren willst, solltest Du hierfür mehrere Konten führen. Damit schaffst Du wichtige Organisation, reduzierst die Anzahl Deiner Entscheidungen, behältst den Überblick und kommst nicht in Versuchung, Dein hart erarbeitetes Geld schon am Monatsanfang zu verklitschen.

Dein Girokonto

Dein Girokonto dient als Ausgangsposition. Es sollte das Konto sein, auf das Dein Gehalt eingeht. Von dort aus koordinierst Du Deine Ausgaben bzw. Spar- und Investitionsvorhaben.

Dein Tagesgeldkonto

Häufig lässt sich das Tagesgeldkonto bei derselben Bank einrichten, das auch Dein erstes Girokonto führt. Dein Tagesgeldkonto sollte als verzinster Geldpuffer dienen. Darauf sollte Dir immer ein Betrag von 3 Monatsgehältern zur Verfügung stehen. Sollte das für Dich momentan nicht realistisch sein, richte Dir einen monatlichen Dauerauftrag ein, den Du stoppst, sobald Du 3 Monatsgehälter erreicht hast. Dieses Geld dient als Reserve bzw. Puffer für etwaige Sonderausgaben.

Dein Depot

Als ETF-Investor brauchst Du ein Depot. Die Bezahlung Deiner ETF-Investitionen kann auf zwei Weisen erfolgen. Entweder der Depotanbieter zieht Deine ETF-Investitionen von Deinem Girokonto ein, oder Du überweist das Geld auf das Depotkonto (z. B. per Dauerauftrag).

Mehrere Konten zu besitzen ist als Sparer und Investor sehr wichtig. Sie gewährleisten, dass Du Dich gegenüber Deinen Sparanstrengungen besser selbst verpflichten kannst. Darüber hinaus schaffst Du es auf diese Weise im Laufe der Zeit bestimmt, (mindestens) ein Viertel Deines monatlichen Einkommens in ETFs zu investieren. Behältst Du diese Strategie bei, bist Du in maximal 20 Jahren finanziell frei. Dann hast Du genügend passive Einnahmen aufgebaut, um nie wieder arbeiten zu müssen – der Zinseszins-Effekt machts möglich!

Risikodiversifikation nach Markowitz

Das Meer noch niemals größer ward, weil eine Gans das Wasser spart.
FREIDANK

Das »Capital Asset Pricing Model« (CAPM) ist das Basismodell, auf dem die gesamte Portfoliotheorie bezieht. Es geht auf den Ökonomen Harry M. Markowitz zurück. Dieser fand im Jahre 1952 heraus, dass die sogenannte »Asset Allocation«, also die bestmögliche Anordnung der Vermögenswerte, alles andere als Zufall ist und durchaus optimiert werden kann. Mit steigender Anzahl der Wertpapiere sinkt das Risiko und gleicht sich sukzessive dem Marktrisiko (auch systematisches Risiko genannt) an.

Hast Du das Zusammenspiel von Rendite und Risiko einmal verstanden, gibt es keinen Grund mehr, nicht am Wertzuwachs der Aktienkurse durch die Geldflut der EZB bzw. die volkswirtschaftliche Wertschöpfung zu partizipieren. In dieser Gleichung arbeiten die beiden Faktoren, Rendite und Risiko, als Gegenspieler. Je höher einer der beiden Werte, umso höher zumeist auch der andere und umgekehrt. Je mehr Rendite Du also erzielen willst, umso mehr Risiken musst Du eingehen. Umgekehrt gilt, dass ETFs, die nur geringes Risiko beinhalten, zugleich auch deutlich geringere Erträge (bzw. Zinseszinsen) produzieren.

Wähle die beiden Faktoren daher anhand Deiner persönlichen Präferenzen (Deine Risikoeinstellung) möglichst optimal.

Nun liegt in der Natur des Menschen, dass jeder gerne möglichst hohe Gewinne bei möglichst niedrigem Risiko erzielen möchte. Zu hohe Erwartungen sind allerdings utopisch und enden häufig in dramatischen Enttäuschungen. Die gute Nachricht ist, dass wir uns durchaus einem Optimum annähern können. An diesem Punkt erzielen wir eine gute Rendite bei adäquatem Risiko. Diesen optimalen Punkt erreichen wir durch Diversifikation.

»Der Aktienmarkt ist wie ein Umzugsunternehmen, wo das Geld von den Aktiven an die Geduldigen weitergereicht wird.«

WARREN BUFFETT

Diversifikation zu verstehen, ist nicht nur an der Börse, sondern für jedes Geschäftsmodell von entscheidender Bedeutung. Diversifikation bedeutet die Streuung der Investitionen, um damit das Risiko zu reduzieren. Die Erklärung dafür ist einfach. Stelle Dir vor, Du musst Deine Apfelernte über den Winter bringen. Packst du alle Äpfel in einen Korb, reicht ein fauler Apfel, um alle anderen Äpfel anzustecken und damit Deine gesamte Ernte zu vernichten. Wenn Du Deine Äpfel aber in viele verschiedene Körbe legst, tut Dir ein Korb voller fauler Äpfel weniger weh. Dasselbe gilt für Unternehmen, die nur ein einziges Produkt anbieten. Ein einziger Produktionsmangel, der durch die Presse geht, genügt, um die Zukunft des Unternehmens aufs Spiel zu setzen. Das Gegenteil von Diversifikation.

Je breiter Du Deine ETF-Investitionen streust, und je unabhängiger diese voneinander sind, umso weniger Risiko besteht für Dich. Mit jeder weiteren Investition wird es immer unwahrscheinlicher, dass Dein gesamtes Portfolio, z. B. in einer Krise, dramatisch an Wert verliert. Diese Abhängigkeit der Werte voneinander nennt man Korrelation. Je ähnlicher sich Werte sind, z. B. weil sie derselben Branche im selben Markt angehören, umso stärker korrelieren sie und umso höher ist auch die Wahrscheinlichkeit, dass beide einen relativ ähnlichen Kursverlauf verzeichnen. Folgende Risiken solltest Du beachten.

#1 – Das unternehmerische Risiko

Der Kurs und damit die Rendite einer Aktie (Aktien-ETF) kann durchaus stark von unternehmensinternen Faktoren (wie Gewinn- oder Umsatzentwicklung) beeinflusst werden. Dieses Risiko ist auch als unternehmensspezifisches Risiko bekannt. Du kannst das unternehmensspezifische (unsystematische) Risiko Deines Portfolios durch die Auswahl eines breit gestreuten Aktien-Index, wie z. B. MSCI World oder MSCI Emerging Markets, senken.

#2 – das Branchenrisiko

Ganz ähnlich verhält es sich mit dem Branchenrisiko. In der Regel korrelieren die Aktienkurse von Unternehmen innerhalb einer Branche miteinander. Das ist nicht weiter verwunderlich, da diese Unternehmen eine ähnliche Zielgruppe ansteuern und von ähnlichen Lieferanten abhängen. Das branchenspezifische Risiko Deines Portfolios kannst Du ebenfalls durch obige Methode verringern senken.

#3 – das Marktrisiko

Das Marktrisiko, auch systematisches Risiko genannt, beschreibt Risiken, die z. B. durch Zins- und Konjunkturveränderungen oder durch politische Ereignisse hervorgerufen werden. Das Marktrisiko betrifft damit alle Unternehmen und ist das einzige Risiko, das Du nicht wegdiversifizieren kannst. Dennoch empfiehlt es sich, gerade wegen des systematischen Marktrisikos, in ETFs verschiedener Länder zu investieren. Damit sollte es Dir wenigstens gelingen, einen Teil des nationalen Marktrisikos zu reduzieren.

#4 – das Währungsrisiko

Damit beschwören wir jedoch einen vierten Risikofaktor herauf. Das Risiko der Schwankungen von Währungen, wenn wir in ETFs investieren, die in anderen Währungen gehandelt werden. Währungen können gegenüber dem Euro stärker (Aufwertung) oder schwächer (Abwertung) werden. Das sollte unbedingt in Deine Investitionsgleichung mit einfließen. Währungsschwankungen können zu zusätzlichen Verlusten oder Ergebnisverbesserungen führen. Umgehen lassen sie sich durch währungsgesicherte (hedged) ETFs.

Grundsätzliches

Je unabhängiger die verschiedenen Risikofaktoren innerhalb der Werte Deines ETF-Portfolios sind, umso geringer wird auch Dein Gesamtrisiko. Je mehr Investitionen in verschiedenartige ETFs Du tätigst, umso besser hast Du Dein Risiko unter Kontrolle. Daher empfehlen die meisten »Börsengurus«, das Portfolio, in Abhängigkeit Deiner persönlichen Präferenzen, mit drei Risikoklassen zu füllen:

1. Investitionen mit niedrigem Risiko und daher niedriger Rendite
2. Investitionen mit moderatem Risiko und moderater Rendite
3. Investitionen mit hohem Risiko und hoher Rendite.

ETFs sind gegen Risiken von Natur aus besser aufgestellt, da sie, wie auch Aktienfonds, strenge Auflagen zu erfüllen haben. Sie müssen beispielsweise mehr als 20 Unternehmen in ihrem Portfolio halten, dürfen die Marke von 100 Unternehmen jedoch nicht überschreiten. Darüber hinaus dürfen sie in der Regel nicht mehr als 10 Prozent in eine einzige Aktie investieren. Beide Aspekte garantieren zusätzliche Sicherheit!

Bei ETFs gilt daher gerade auf lange Sicht, dass die Verteilung der Vermögenswerte für die Gesamtrendite viel wichtiger ist, als der perfekte Kaufzeitpunkt bzw. die Auswahl der jeweiligen ETFs. Wir sollten also darauf achten, unser ETF-Portfolio auf lange Sicht einigermaßen ausgeglichen hinsichtlich der Anlageklassen Aktien, Anleihen, Rohstoffe, Renten, Immobilien, Nachhaltigkeit, etc. aufzubauen.

Was ist Dein Ziel?

»Nur wer weiß, wo er hinsegeln will, setzt die Segel richtig.«
JÜRG MEIER

Bevor wir uns ansehen, wie, wann und in welche ETFs Du investieren kannst, solltest Du Dir über Deine Ziele im Klaren sein und darüber, was diese Ziele implizieren (Risiko und Zeitraum). Denn nur wer spezifische Ziele hat, kann sie ohne große Umwege verfolgen und erreichen.

1. Was ist das Ziel des Portfolios?

Grundsätzlich kannst Du zwei verschiedene finanzielle Ziele mit ETFs verfolgen. Entweder Du willst Dir ein Vermögen aufbauen bzw. für eine spezielle Anschaffung Geld ansparen, oder Du möchtest einen laufenden passiven Einkommensstrom erzeugen. Wenn Ersteres auf Dich zutrifft, dann sind thesaurierende (synthetische) ETFs auf einen Performance-Index die richtige Wahl, da Du vom Zinseszins-Effekt profitierst. Wenn es Dein Ziel ist, Dir ein laufendes passives (Neben-)Einkommen aufzubauen, dann sind ausschüttende (physische) ETFs auf Kursindizes die richtige Wahl.

2. Wie lange willst Du investieren?

In Abhängigkeit von Deiner Entscheidung in der vorherigen Frage ergibt sich Dein Anlagehorizont. Es gilt jedoch zu beachten, dass dieser als passiver ETF-Investor grundsätzlich langfristig gewählt werden sollte. Willst Du Dir nun ein Vermögen aufbauen, dann sollte Dein Anlagehorizont mindestens 5 Jahre betragen. Da der Zinseszins-Effekt aber erst im Laufe der Zeit an Fahrt gewinnt (und wir als Faulbären zum Millionär werden wollen), solltest Du einen Horizont von 20-30 Jahren anstreben.

Denke daran, dass (fast) jeder Kauf und Verkauf mit Transaktionskosten verbunden ist, die Dir einen Teil Deiner Rendite auffressen.

3. Wie viel Risiko willst Du gehen bzw. wie viel Rendite machen?

Last but not least musst Du Dich entscheiden, wie viel Rendite Du anstrebst. Je mehr Geld Du in kurzer Zeit mit ETFs erzeugen willst, umso risikoreicher (und dynamischer) musst Du investieren. Am Ende des Tages streben wir als passive ETF-Investoren ein ausgeglichenes Portfolio an. Das heißt, in Abhängigkeit von unseren Rendite- und Risikovorstellungen, bauen wir uns Stück für Stück ein Portfolio auf, das diesen Vorstellungen von Monat zu Monat und Investition zu Investition immer genauer entspricht.

Damit sichern wir uns sowohl langfristig ab, garantieren aber zugleich, dass wir das Ziel, uns die erste Million als Faulbär zu »erschlafen«, auch wirklich erreichen. Hierfür ist ein gewisses Risiko unabdingbar. Nur so schaffen wir eine Gesamtrendite, die zwischen sieben und 10 Prozent liegt. Bei diesem Wert verdoppelt sich ein Betrag alle 6 bis 7 Jahre. Eine Investition von »nur« 50.000 Euro wird somit in weniger als 30 Jahren zur ersten Million. Wer beispielsweise eine monatliche Sparrate von ca. 1.000 Euro erreicht, der erzeugt eine Dynamik, die ihn, bei einer jährlichen Rendite von 8,5%, in nur 25 Jahren zum Millionär machen.

Das sind doch alles andere als unrealistische Aussichten, oder?

Wie und wann Faulbären in ETFs investieren

»Zeit, die wir uns nehmen, ist Zeit, die uns etwas gibt.«

ERNST FERSTL

Das größte Problem, das gerade ETF-Anfänger haben, ist nicht zu wissen, wann sie ihre Investitionen tätigen sollen und ob sie alles auf einmal investieren oder lieber monatliche »Ratenzahlungen« leisten sollen.

Grundsätzlich unterscheide ich daher zwischen Direktinvestitionen und ETF-Sparplänen. In diesem Kapitel stelle ich Dir beide Investitionsarten vor, möchte aber vorausschicken, dass ich ETF-Sparpläne – insbesondere wegen ihrer Überlegenheit im Hinblick auf den Kaufzeitpunkt, sowie deren langfristiger Ausrichtung und hervorragenden Passivierbarkeit – gegenüber Direktinvestitionen bevorzuge.

Während bei ETF-Sparplänen der Kaufzeitpunkt eine untergeordnete Rolle spielt, ist er bei Direktinvestitionen wichtiger. Schließlich macht es keinen Sinn, in absoluten Boom-Phasen für mehrere Tausend Euro ETFs zu erwerben, wenn sich bereits eine Blase gebildet hat und sich Krisen andeuten. Auf der anderen Seite wollen wir mit unseren Investitionen auch nicht ewig warten und damit den Zeitfaktor bzw. den Zinseszins-Effekt aus den Augen verlieren. Es ist insofern (fast) immer die richtige Entscheidung, das Geld zu investieren, das man gerade übrig hat und auf längere Sicht ohnehin nicht braucht.

Direktinvestment

Grundsätzlich solltest Du bei Direktinvestitionen die Transaktionskosten im Blick haben. Wenn eine Order beispielsweise 10 Euro kostet (Brokergebühr + Handelsplatzgebühr), macht es wenig Sinn, einen ETF-Anteil für 47,45€ zu erwerben. Schließlich müsstest Du den »Verlust« von 10 Euro mit Dividenden oder Kursgewinnen erst wieder gut machen, bevor Du überhaupt schwarze Zahlen schreibst. Insofern sind bei Direktinvestitionen grundsätzlich immer höhere Kaufbeträge zu empfehlen. Kalkuliere daher, bei üblichen Broker- und Handelsplatzgebühren, mit einer Investitionssumme von mindestens 500 Euro (pro ETF).

Glücklicherweise gibt es hier Ausnahmen. Wie bereits erwähnt, haben einige Online-Banken und Onlinebroker mit bestimmten ETF-Anbietern Verträge. Infolgedessen bieten sie bestimmte ETFs ohne Gebühren zum Erwerb an. Diese ETFs tragen häufig die Zusatzbezeichnung »core«. In diesem Fall kannst Du auch kleinere Beträge bzw. wenige ETF-Anteile erwerben, ohne hierbei »Sofortverluste« zu verzeichnen.

Ich nutze diese Option daher immer dann, wenn ich zusätzliches Geld zur Verfügung habe und investiere nur in ETFs, die mit keinen weiteren Gebühren verbunden sind (außer TER). Eine weitere Methode, die ich seit kurzem nutze, ist die sogenannte automatische Order. Du kannst bei vielen Brokern die Option einstellen, dass ETF-Anteile gekauft werden, sobald bestimmte Kurswerte erreicht werden. Für gewöhnlich machen Nachkäufe dann Sinn, wenn sich die Kurswerte »im Keller« befinden und sind nicht zu empfehlen, wenn sie auf einem »Allzeithoch« stehen. Denn an den Finanzmärkten folgt einem Hoch immer auch eine Korrektur nach unten. Als passive Langzeitinvestoren spielen diese Korrekturen aber eine untergeordnete Rolle, weil wir sie geduldig aussitzen. Für uns gilt sogar das Gegenteil. Während der Krisen an den Finanzmärkten ergeben sich die besten Chancen, von niedrigen Kursen zu profitieren und große ETF-Anteilsmengen nachzukaufen.

Wir können unser Risiko noch weiter reduzieren, indem wir ETF-Anteile gestaffelt (dynamisch) kaufen. Diese Option bietet der ETF-Sparplan. Es geht darum, das Investment, schrittweise und abhängig von Höhe und Anlagehorizont, zu erhöhen. Damit erreichst Du eine wertvolle Diversifikation Deiner Investitionen über die Zeit.

ETF-Sparplan

Egal ob Anfänger oder Profis, Risikoscheue oder Draufgänger, Groß- oder Geringverdiener. ETF-Sparpläne bieten Möglichkeiten, die einer Revolution gleichen. Schließlich kann man bei vielen Onlinebrokern bereits ab 25 Euro pro Monat ETF-Anteile erwerben. Darüber hinaus sind ETF-Sparpläne hervorragend mit einem regelmäßigen Einkommen vereinbar. Ähnlich wie früher das Sparbuch, investiert man regelmäßig, z. B. monatlich, in ETFs und erwirbt Anteile. Sie sind einfach einzurichten und können wunderbar automatisiert (passiviert) werden. ETF-Sparpläne bringen damit alle Voraussetzungen mit, Dir nebenher ein Vermögen aufzubauen bzw. passives Einkommen zu erzeugen.

Auch bei ETF-Sparplänen solltest Du darauf achten, ETFs von Anbietern zu wählen, mit denen ein Vertrag mit Deinem Depotanbieter für den kostenlosen Erwerb besteht. Das ist bei Sparplänen sogar noch wichtiger, weil hier die Einzelinvestments in der Regel kleiner sind und damit, in Relation, höhere Transaktionskosten entstehen. Viele Depotanbieter verlangen jedoch mittlerweile sogenannte »Additional Trading Costs« (ATCs). Sie unterscheiden sich von ETF zu ETF bzw. von Anbieter zu Anbieter und betragen durchschnittlich 0,2 Prozent.

Mit einem thesaurierenden ETF-Sparplan von 100 Euro pro Monat und einer langfristigen Durchschnittsrendite von 8,5%, bei einem eingerechneten TER von 0,3% (das ist der Marktdurchschnitt), würdest Du folgende Wertzuwächse erzeugen:

- In 25,68 Jahren hast Du ein Vermögen von 100.000 Euro.
- In 18,45 Jahren hast Du ein Vermögen von 50.000 Euro.

Jetzt erhöhen wir die monatlichen Investitionen auf 200 Euro pro Monat:
- In 18,45 Jahren hast Du ein Vermögen von 100.000 Euro.
- In 12,31 Jahren hast Du ein Vermögen von 50.000 Euro.

Jetzt erhöhen wir die monatlichen Investitionen auf 500 Euro pro Monat:
- Nur noch 10,63 Jahre für ein Vermögen von 100.000 Euro.
- Nur noch 6,39 Jahre für ein Vermögen von 50.000 Euro.

Jetzt erhöhen wir die monatlichen Investitionen auf 1.000 Euro pro Monat:
- Nur noch 3,59 Jahre für ein Vermögen von 50.000 Euro.
- Nur noch 6,39 Jahre für ein Vermögen von 100.000 Euro.
- In 12,31 Jahren hast Du ein Vermögen von 250.000 Euro.
- In 18,45 Jahren hast Du ein Vermögen von 500.000 Euro.
- In 25,68 Jahren bist Du Millionär!

Es genügt somit eine Investition von umgerechnet einem Döner pro Tag, um Dir im Verlauf von etwa 25 Jahren ein Vermögen von 100.000 Euro aufzubauen. Während Du in diesem Zeitraum selbst 30.845,89 Euro investiert hast, hast Du durch Zins und Zinseszins insgesamt Erträge von 69.154,11 Euro erzeugt. Wie Du mittlerweile weißt, bezieht sich dieses Beispiel auf einen thesaurierenden (reinvestierenden) ETF.

Und nun kommt der ganz große Clou. Bei ETF-Sparplänen kannst Du eine zusätzliche Dynamik einstellen. Das heißt, dass Du Deine Spar- und Investitionsquote in selbst gewählten Abständen, automatisiert, erhöhen lassen kannst. Ich habe beispielsweise eine jährliche Dynamik von 10% gewählt. Das hat folgende Auswirkungen. Sparst Du zum Beispiel im ersten Jahr monatlich 100 Euro, sind es im zweiten Jahr 110 Euro pro Monat, in dritten Jahr 121 Euro monatlich, in Jahr vier 133,1 monatlich, usw. Du erzeugst damit, neben dem Zinseszinseffekt eines thesaurierenden ETFs, eine zusätzliche Zinseszinsdynamik aus eigenen Sparbemühungen.

Die Ergebnisse, bei einer jährlichen Dynamik von 10% sind in meinen Augen absolut verblüffend.

- 100 Euro / Monat: statt 25,68 nur 18,05 Jahre bis 100.000€ (letzte Rate = 555€).
- 100 Euro / Monat: statt 18,45 nur 13,46 Jahre bis 50.000€.
- 200 Euro / Monat: statt 18,45 nur 13,46 Jahre bis 100.000€ (letzte Rate = 760€).
- 200 Euro / Monat: statt 12,31 nur 9,5 Jahre bis 50.000€.
- 500 Euro / Monat: statt 10,63 nur 8,38 Jahre bis 100.000€ (letzte Rate = 1.000 €).
- 500 Euro / Monat: statt 6,39 nur 5,42 Jahre bis 50.000€.
- 1.000 Euro / Monat: statt 3,59 nur 3,27 Jahre bis 50.000€ (letzte Rate = 1.670€).
- 1.000 Euro / Monat: statt 6,39 nur 5,42 Jahre bis 100.000€.
- 1.000 Euro / Monat: statt 12,31 nur 9,5 Jahre bis 250.000€ (letzte Rate = 2.475€).
- 1.000 Euro / Monat: statt 18,45 nur 13,46 Jahre bis 500.000€ (letzte Rate = 3.611€).
- 1.000 Euro / Monat: statt 25,68 Jahre nur 18,05 Jahre bis zur ersten Million (letzte Rate = 5.587€).

Ich habe dieser Übersicht die Größenordnungen der letzten ETF-Sparplanzahlungen hinzugefügt, um ein realistisches Bild zu zeichnen. Mir ist bewusst, dass die meisten Menschen eine Dynamisierung von 10% über einen längeren Zeitraum kaum realisieren können. Nichtsdestotrotz könnte es als Ansporn und Inspiration dienen, nach weiteren Einkommensmöglichkeiten Ausschau zu halten, um es womöglich doch zu realisieren? Denn wie Du sehen kannst, schlägt der Zinseszins-Effekt mit fortschreitender Zeitdauer und sukzessiver Dynamisierung richtig zu – und es kommt noch besser! In nur 5 weiteren Jahren (23,14) wärst Du nämlich schon zweifacher Millionär. In 3 weiteren Jahren (26,3) dreifacher, 2,5 Jahre (28,62) danach vierfacher und weniger als zwei Jahre danach, nach insgesamt 30,46 Jahren, fünffacher Millionär (letzte Rate = 18.403€). Ohne große Ziele keine großen Resultate!

Wenn Du den Zinseszins-Effekt also zusätzlich verstärken willst, dann gilt es, eine zusätzliche Dynamik zu integrieren. Neben einer jährlichen Anhebung meiner monatlichen Ratenzahlungen habe ich mir daher einen weiteren Trick überlegt.

Ich habe mir angewöhnt, von jeder Gehaltserhöhung, 50% zu sparen und in ETF-Sparpläne zu investieren. Das ist realistisch, da das Gehalt in Deutschland in der Regel parallel mit dem Lebensalter steigt. Dadurch erzeuge ich eine weitere dynamische Steigerung und einen noch stärkeren Zinseszins-Effekt.

Weitere Vorteile eines ETF-Sparplans

1. Einmalzahlungen (einzelne Direktinvestments) in Deinen ausgewählten ETF sind, im Rahm¬¬en Deines Sparplans, kein Problem und in der Regel ebenfalls kostenlos.

2. ETF-Sparpläne können bereits mit geringen monatlichen Mindestinvestitionssummen von 25 bis 50 Euro pro ETF aufgesetzt werden. Das sind Beträge, die wirklich jeder aufbringen kann.

3. Der Anlagezeitpunkt spielt bei ETF-Sparplänen eine unbedeutende Rolle. Das ist bei Direktinvestitionen etwas anders. Allerdings weiß man als Klein- bzw. Privatanleger in der Regel nicht, wann der perfekte Kaufzeitpunkt ist. Eine Investition ist allgemein gesprochen dann gut, wenn nach dem Kauf der Kurs steigt, und schlecht, wenn er danach fällt. Das ist bei ETF-Sparplänen anders, weil das Timing-Risiko praktisch eliminiert wird. Schließlich kaufst Du regelmäßig ETF-Anteile und erhältst damit über die Zeit einen durchschnittlichen Kaufpreis. Da die meisten Personen, die ETF-Sparpläne besitzen, am Monatsanfang investieren, und dies aus meiner Sicht – am Monatsanfang – kurzfristig zu Kursanstiegen führt, tätige ich meine Investitionen (automatisiert) zur Monatsmitte.

4. Gerade die Möglichkeit, Geld automatisiert in ETF-Sparpläne zu investieren, sorgt für den Effekt der Skalierung. Das ist das A und O und der fundamentale Vorteil aller passiven Einkommensarten. ETF-Sparpläne sind damit hervorragend für passive Investoren geeignet. Zudem ist bei automatisierten Zahlungen weniger Disziplin nötig, da das Geld per Dauerauftrag auf das Depot überwiesen bzw. vom Giro- bzw. Referenzkonto eingezogen wird.

5. Im Rahmen von ETF-Sparplänen können Sparraten problemlos ausgesetzt oder in ihrer Höhe angepasst werden. Hast Du jedoch einmal damit begonnen und den Effekt selbst erlebt, wirst Du alles daran setzen, dies zu vermeiden.

Der Cost-Average Effekt

Mit einem ETF-Sparplan minimierst Du das Risiko von Kursschwankungen, da Du von einem Durchschnittspreis profitierst. In diesem Fall können wir uns als passive Investoren über Kurseinbrüche sogar »freuen«, weil wir dann mehr Anteile erwerben! Wenn die Kurse dann wieder steigen, profitieren wir! Einfach gesagt:

- Kurs hoch: Erwerb weniger Anteile
- Kurs niedrig: Erwerb vieler Anteile

Der Durchschnittskosteneffekt ist ein Nebenprodukt eines langfristigen Vermögenssparplans. Du profitierst sowohl von fallenden, als auch steigenden Kurswerten Deiner ETFs. Wenn Du beispielsweise 100 Euro monatlich in einen Sparplan investierst, erhältst Du automatisch mehr Anteile für Dein investiertes Geld, wenn sich der Kurswert in diesem Monat schlecht entwickelt hat und gefallen ist. Ist der Kurswert im jeweiligen Monat hingegen gestiegen, kaufst Du mit 100 Euro relativ gesehen weniger. Auf lange Sicht erzielst Du somit einen niedrigeren durchschnittlichen Einkaufspreis!

Das bedeutet zugleich, dass gerade Kursschwankungen für richtig hohe Gewinne sorgen können. Diese Gewinne realisierst Du allerdings nur, wenn Du auch bereit bist, einen Teil Deiner ETF-Anteile zu verkaufen. Ein ETF-Sparplan ist wirklich prädestiniert dafür, Dir langfristig, stressfrei und entspannt entweder ein wachsendes passives Einkommen oder aber ein größeres Vermögen aufzubauen.

Die Nachteile von ETF-Sparplänen?

Natürlich haben Sparpläne nicht nur Vorteile, sondern sind auch mit einigen Nachteilen behaftet. Obwohl sie gegenüber den Vorzügen deutlich in den Hintergrund treten, will ich sie der Vollständigkeit halber dennoch erwähnen.

- Je größer Deine ETF-Anteile im Rahmen Deines Sparplanes mit der Zeit werden, umso weniger machen sich die positiven Auswirkungen des Cost-Average-Effekts bemerkbar.
- Je größer Dein Portfolio mit der Zeit wird, umso anfälliger wird es auch für Kursverluste. Schließlich lassen sich diese durch monatliche Sparraten dann nur noch eingeschränkt ausgleichen. Insofern macht eine Diversifizierung in mehrere Sparpläne unterschiedlicher ETFs Sinn.

Was jetzt? Sparplan oder Einmal-Direktinvestment?

Welcher der beiden Anlageformen nun die richtige für Dich ist, hängt von Deinen persönlichen Präferenzen ab. Grundsätzlich ist zu beachten, dass nicht alle ETFs sparplanfähig sind, was Deine Auswahl einschränkt. Darüber hinaus besteht auch bei ETFs ein Klumpenrisiko. Insofern solltest Du, vor allem wenn Du in nur wenige ETFs investierst, möglichst breit diversifizierte ETFs auswählen (z. B. den MSCI [sustainable] World).

Portfolio-Versionen für Faulbären

»Die Menschen stolpern nicht über Berge, sondern über Maulwurfshügel.«
KONFUZIUS

Im Laufe der Zeit möchten wir uns, ob durch Direktinvestitionen oder ETF-Sparpläne, ein diversifiziertes und ertragreiches ETF-Portfolio aufbauen. Wie dieses Portfolio am Ende aussieht, hängt von Deinen individuellen Risiko- und Investitionspräferenzen ab. Mein Portfolio besteht daher fast ausschließlich aus ETFs mit ethischen und ökologisch nachhaltigen Charakteristika, selbst, wenn ich dadurch hier und da etwas an Rendite einbüße. Außerdem ist es mein Ziel, mein Portfolio ohne viel zusätzliche Arbeit - passiv – auszubauen. Diese Unterscheidung möchte ich in diesem Kapitel noch kurz näher beleuchten, bevor ich meine persönliche Strategie preisgebe.

Der aktive ETF-Investor

- Viel Hintergrundwissen vorausgesetzt.
- Muss sich ständig auf dem Laufenden halten.
- Häufige Entscheidungsfindung notwendig (eher Direktinvestitionen).
- Mehr aktive Arbeit: passives Einkommen wird zu aktivem.
- Höhere Rendite möglich.
- In der Regel mit höherem Risiko verbunden.
- Kurz- bis mittelfristige Strategie.
- Ziel: möglichst hohe Gewinne in möglichst kurzer Zeit.
- Achtung! Es drohen höhere Transaktionskosten!
- Aktive ETF-Investoren müssen Spaß am Investieren haben.
- Aktive ETF-Investoren sind häufig emotional involviert.

Der passive ETF-Investor (Faulbär)

- Weniger Hintergrundwissen vorausgesetzt.
- Aktueller Börsenverlauf ist unbedeutend.
- Konstantes Investieren (eher ETF-Sparpläne), dadurch weniger Entscheidungen notwendig – einzig beim regelmäßigen Rebalancing.
- Wenig Arbeit: wirklich passives Einkommen.
- Langfristige Rendite bewegt sich auf Marktniveau.
- In der Regel deutlich geringeres Risiko, da langfristiger Anlagehorizont (langfristige Strategie).
- Ziel: Aufbau stetig wachsender passiver Einkommensströme bzw. eines Vermögens.
- Transaktionskosten können extrem gering gehalten werden.
- Passive ETF-Investoren profitieren vom Faktor Zeit und dem Cost-Average Effekt.
- Passive ETF-Investoren gehen der emotionalen Bindung aus dem Weg.

Wichtige Parameter und Portfolioversionen für Faulbären

In der Fachliteratur gibt es Parameter und entsprechende Empfehlungen für den, in Abhängigkeit der individuellen Präferenzen, optimalen Portfolioaufbau. Der Vollständigkeit halber sollen sie hier kurz vorgestellt werden.

#1 Alter

Je jünger Du bist, umso mehr Risiko kannst Du in Deinem Portfolio eingehen. Schließlich machen sich für Dich Verluste auf lange Sicht weniger bemerkbar. Darüber hinaus solltest Du als junger ETF-Investor mindestens einen thesaurierenden ETF-Sparplan aufsetzen, um vom Zinseszins-Effekt zu profitieren und Dir so nebenher ein Vermögen aufzubauen. Der Anteil risikoarmer Vermögenswerte sollte hier die 20%-Marke nicht überschreiten. Solltest Du bereits etwas älter sein, sollte auch der risikoarme Anteil Deiner ETF-Vermögenswerte einen höheren Anteil (bis zu 80%) an Deinem Gesamtportfolio ausmachen.

#2 Risikobereitschaft

Der Parameter »Alter« hat somit eine unmittelbare Auswirkung auf Deinen Portfolioaufbau, ist jedoch auch an Deine individuelle Risikobereitschaft gekoppelt. Dein Portfolio stellt sich somit immer aus risikoreichen und risikoarmen Anteilen zusammen. Während risikoarme ETF-Anteile (0 bis 2 Prozent pro Jahr Rendite) das Gesamtrisiko senken sollen, sollen die risikoreichen ETF-Anteile (5 bis 12 Prozent pro Jahr Rendite) Deine Gesamtrendite erhöhen. Darüber hinaus kannst Du den risikoarmen Anleihen-Anteil aufgrund seiner hohen Liquidität nutzen, um in Krisenzeiten von fallenden Kursen profitieren zu können. Je nachdem, wie risikofreudig Du mit Deinem Geld umgehen willst, solltest Du einen höheren oder einen niedrigeren Anteil risikoreicher ETFs erwerben. Zu risikoarmen ETFs zählt man Staats- und Unternehmensanleihen, Geldmarkt- sowie Renten-ETFs. Zu risikoreichen ETFs zählen alle Aktien-ETFs, Rohstoff-ETFs, Immobilien-ETFs, Short- und Leverage-ETFs, etc. Das heißt, bist Du..

..sehr risikoscheu: investiere den Großteil in Staats- und Unternehmensanleihen, respektive Renten-ETFs (80%) und nur 20% in Aktien-ETFs (davon sollten 70% auf Aktien-ETFs Industrieländer und 30% auf Aktien-ETFs von Schwellenländern entfallen). Dein Anlagehorizont sollte in diesem Fall mehrere Jahrzehnte betragen, um etwaige Schwankungen »auszusitzen«.

..risikoscheu: investiere 70% in Staats- und Unternehmensanleihen, respektive Renten-ETFs und 30% in Aktien-ETFs. Diese Verteilung ergibt sich aus Deinem Ziel, nach mehreren Jahrzehnten, im (Renten-)Alter, relativ einfach ein Vermögen mit ETFs liquidieren zu können.

..weder risikofreudig noch risikoscheu: investiere 50% in Staats- und Unternehmensanleihen, respektive Renten-ETFs und 50% in Aktien-ETFs. Die Aktien-ETFs können wiederum in 60% Industrieländer und 40% Schwellenländer aufgeteilt werden. Mit dieser Verteilung erreichst Du eine ausgewogene Mischung aus einer erhöhten Rendite und solider Sicherheit.

..risikofreudig: investiere 30% in Staats- und Unternehmensanleihen, respektive Renten-ETFs und 70% in Aktien-ETFs. Die Aktien-ETFs können wiederum auf 50% Industrieländer, 30% Schwellenländer und 20% Entwicklungsländer aufgeteilt werden). Du strebst mit diesem Portfolioaufbau hohe Renditen an. Dir muss bewusst sein, dass Du durch diesen Aufbau deutlich größeren Kursschwankungen ausgesetzt bist. Diese werden aber erst zu Verlusten, wenn Du Deine ETF-Anteile auch liquidierst! Der Anteil der Anleihen- bzw. Renten-ETFs soll diesen Effekt verringern und die Inflation über die Zeit ausgleichen. Der Anteil an Aktien-ETFs sorgt für die Rendite.

Das besonders einfache Beispiel
- xxx % (in Abhängigkeit der angegebenen Prozentzahlen) in den ComStage MSCI World TRN UCITS ETF (ISIN: LU0392494562)
- xxx % (in Abhängigkeit der angegebenen Prozentzahlen) in kurzfristige Staatsanleihen (z. B. db x-trackers II IBOXX SOVEREIGNS EUROZONE AAA UCITS ETF Kurs - 1 Jahr: ISIN: LU0484969463)

Du erreichst damit nicht nur ein global diversifiziertes Portfolio, sondern sicherst Dich durch ein Anleihen-ETF-Portfolio ab. Das heißt: breite Diversifikation bei geringem Aufwand, kleinem Risiko (bei geringerer Rendite), geringen Transaktionskosten und hervorragender Passivierbarkeit.

Du bist jetzt sicherlich schon ganz heiß darauf, endlich die ETF-Liste zu durchstöbern und Deine ersten Investitionen zu tätigen und Sparpläne einzurichten. Vorher ist es mir allerdings wichtig zu erwähnen, dass gerade ETFs, die Aktienindizes abbilden, mit einem Unsicherheitsfaktor behaftet sind. Jeder Aktienkurs enthält immer Erwartungen der Marktteilnehmer. Das schlägt sich in der Kursentwicklung nieder. Rechnen die Marktteilnehmer damit, dass der Aktienkurs weiter steigt, dann investieren sie und sorgen damit für steigende Aktienkurse und umgekehrt. Man könnte hier auch von einer selbsterfüllenden Prophezeiung sprechen. Auf der anderen Seite auch die Erwartungen über künftige Dividenden in den Aktienkurs mit eingepreist.

Was möchte ich damit sagen?

Niemand kennt die Zukunft. Unternehmen und ETFs die Erfolg versprechen, können absolute Nieten sein und ETFs, die man schon abgeschrieben hat, sich zu genialen Renditebringern entwickeln. Es ist an den Finanzmärkten auf Basis der Vergangenheit kaum möglich, gute Entscheidungen im Hinblick auf die Zukunft zu treffen. Auf der anderen Seite manifestieren sich zwischenzeitliche Kursverluste erst dann, wenn Du Deine ETF-Anteile auch verkaufst.

Die einzige wirklich gute Strategie gegen diese Unsicherheit ist damit einmal mehr ein langfristiger Anlagehorizont und eine breite Diversifizierung innerhalb Deiner ETF-Investments, sowie regelmäßiges »Rebalancing«.

Rebalancing

»Nicht dafür, dass wir lange leben, müssen wir sorgen,
sondern dass wir genug leben.«

LUCIUS ANNAEUS SENECA

Da Du Dir mit der Zeit ein wachsendes ETF-Portfolio aufbauen wirst, musst Du wissen, was das sogenannte »Rebalancing« ist. Bevor Du abwinkst, Rebalancing zu verstehen ist einfacher als gedacht. Wie der Name schon sagt, wollen wir unser ETF-Portfolio neu gewichten.

Aber wie konnte es überhaupt aus dem Gleichgewicht geraten, wenn wir doch gemäß unserer Risikoeinstellung investieren?

Die Kurswerte Deiner ETF-Anteile verändern sich täglich. Damit verändert sich auch die Gewichtung der einzelnen ETF-Anteile innerhalb Deines Gesamtportfolios. Hast Du zum Beispiel die konservative Strategie gewählt, kann es sein, dass nach einem Jahr der Anteil Deiner risikoarmen ETF-Investitionen statt 30% nur noch 15% ausmacht und Deine risikoreichen ETF-Anteile damit jetzt einen Anteil von 85% statt ursprünglich 70% ausmachen – ausgelöst entweder durch einen Kursverfall der risikoarmen Investitionen, oder einen Kursanstieg der risikoreichen Investitionen. Damit ist Dein Portfolio aus dem Gleichgewicht geraten und entspricht Deinen Risikopräferenzen nicht mehr.

Wie kannst Du das Gleichgewicht wiederherstellen?

Du kaufst so viele risikoarme Anteile bzw. verkaufst so viele risikoreiche Anteile, bis das gewünschte Verhältnis wiederhergestellt ist. Hätte sich das Verhältnis umgekehrt entwickelt, wäre ein Verkauf risikoarmer ETF-Anteile bzw. ein Kauf risikoreicher Anteile angesagt. Mehr musst Du gar nicht tun!

Je nachdem, wie viel aktive Arbeitszeit Du in Dein ETF-Portfolio stecken möchtest, führst Du diese Neugewichtung häufiger oder seltener durch. Ich ordne mein Portfolio zum Beispiel einmal pro Jahr neu.

Warum nur so selten?

Je häufiger man das ETF-Portfolio neu gewichtet, umso mehr Arbeitszeit ist hierfür vonnöten (von passivem zu aktivem Einkommen) und umso höher werden die Handelsgebühren (Transaktionskosten). Das wiederum senkt die Gesamtrendite. Insofern ist eine Neugewichtung des ETF-Portfolios, für den ETF-Faulbär, einmal pro Jahr absolut ausreichend und spart zugleich wertvolle Zeit und Gebühren.

Meine ultimative 6-Schritte Faulbär-Strategie

»Die Arbeit ist etwas Unnatürliches. Die Faulheit allein ist göttlich.«

ANATOLE FRANCE

Rückblickend auf das Kapitel »Portfolio-Versionen für Faulbären«, habe ich eine Strategie für mich erstellt, deren Ziel es ist, sowohl nachhaltig und ethisch vertretbar, als auch breit diversifiziert (Weltportfolio) zu sein. Diese Vorüberlegungen machen vor der ETF-Investition Sinn.

1. Möchtest Du aktiver oder passiver ETF-Investor sein?

2. Willst Du mit Direktinvestitionen oder ETF-Sparplänen arbeiten?

3. Wie viel kannst und willst Du in ETFs investieren?

4. Willst Du passives Einkommen oder ein Vermögen aufbauen? Damit weißt Du bereits, ob für Dich eher thesaurierende oder ausschüttende bzw. physische oder synthetische ETFs in Frage kommen.

5. Mit welchem ETF-Emittent möchtest Du arbeiten (ist er solvent und hat ein großes Angebot), sind die Ordergebühren kostenfrei und sind die angebotenen ETFs groß genug (Fondsvolumen > 100 Mio. Euro)? Wie hoch sind die laufenden Kosten der ETFs (TER)?

6. Wie willst Du Diversifikation bzw. Asset Allokation gewährleisten?
• Investiere in Länderindizes, um das Länderrisiko zu minimieren.
• Investiere in Branchenindizes, um weiter zu diversifizieren.
• Investiere in Geldmarkt- und Renten-ETFs, um die Inflation auszugleichen und das Gesamtrisiko zu senken (risikoarme ETF-Anteile).

Mein Portfolio

- Ich bin Faulbär und daher passiver ETF-Investor.
- Ich arbeite fast ausschließlich mit (gebührenfreien) ETF-Sparplänen und investiere mehrere Hundert Euro monatlich. Gehaltserhöhungen bzw. Bonus-Zahlungen nutze ich für zusätzliche (gebührenfreie) Direktinvestitionen.
- Ich nutze sowohl thesaurierende als auch ausschüttende ETFs - und zwar in einer 50:50 Aufteilung. Damit baue ich sowohl Vermögen als auch passives Nebeneinkommen auf.
- Die Ausschüttung erfolgt auf Referenzkonto, das ich nicht anfasse. Dadurch erzeuge ich Liquidität für Krisenzeiten und Startkapital für konkrete Projekte in der Zukunft.
- Ich erhöhe meine monatliche ETF-Investitionssumme jährlich um 10 Prozent.
- Ich investiere fast ausschließlich in ethisch-soziale bzw. ökologisch-nachhaltige ETFs, sowie in den DivDAX und den MSCI World.
- Ich »rebalance« mein Portfolio einmal jährlich.

Nun solltest Du wirklich bis an die Haarspitzen mit ETF-Wissen ausgestattet sein. Dir fehlen nur noch die richtigen ETFs und ein Depot, in dem Du sie lagern kannst. Deinen optimalen Depotanbieter kannst Du unseren E-Mails (eintragen unter www.klhe.de/finance/bonus/) entnehmen. Damit einem erfolgreichen Start nichts mehr im Wege steht, nenne ich Dir im kommenden Kapitel 60 ETFs, deren Tauglichkeit ich durch intensive Recherchen und praktische Erfahrung selbst bestätigen kann. Anhand meiner eigenen Parameter-Matrix kannst Du sie hinsichtlich Deiner persönlichen Präferenzen bewerten.

60 geniale ETFs für Anfänger und Fortgeschrittene

»Je mehr man kennt, je mehr man weiß, erkennt man: alles dreht im Kreis.«

JOHANN WOLFGANG VON GOETHE

Stand 2019 gibt an der Frankfurter Börse weit über 1.000 gelistete ETFs. Aus diesem großen Wirrwarr den »richtigen« ETF herauszupicken ist so gut wie unmöglich. Nichtsdestotrotz möchte ich Dir in diesem Kapitel einige interessante und vielversprechende ETFs an die Hand geben, um Dir den Einstieg zu erleichtern. Ziel dieses Buches ist maximal hohe Praktikabiliät, um Dich zum Handeln zu motivieren. Meine Parameter-Matrix:

01 Anbieter

02 Abgebildeter Index (Benchmark)

03 Replikationsart (physisch oder synthetisch)

04 Verwendung der Erträge (thesaurierend oder ausschüttend)

05 Kosten (TER)

06 Fondsvolumen (empfehlenswert sind ETFs mit mind. 100 Mio. Euro Fondsvermögen, da sonst die Gefahr besteht, dass sie geschlossen oder mit andern ETFs zusammengelegt werden).

07 Rendite zwischen 01/2018 und 01/2019 (bei ausschüttenden ETFs ist die Ausschüttung in die Renditeberechnung mit einbezogen)

08 Ausschüttungsintervall (wie häufig werden Erträge ausgeschüttet)

09 Volatilität ↝ Kursschwankung 1 Jahr (Risikoindikator)

10 Kaufpreis (Stand 01/2019)

11 Fondswährung

12 ISIN (Internationale Wertpapierkennnummer)

13 Sparplanfähig ja oder nein?

Im Rahmen der Aktualisierung der ersten Auflage dieses Buches war es für mich besonders spannend zu sehen, wie sich die 60 vorgestellten ETFs seit 2017 geschlagen haben. Während 2016/2017 ein überaus erfolgreiches Börsenjahr war (der Großteil der Renditen bewegte sich über 10% für das Jahr), verzeichneten die Kurse 2018 einen eher negativen Trend. Dies zeigt sich ganz besonders an der für ETFs überaus hohen Volatilität der Kurse. Mein ETF-Portfolio erlitt infolgedessen einen »Einbruch« von 8,5%. Während dies für die meisten Spekulanten ein Grund zur Beunruhigung (oder gar dem Verkauf) wäre, habe ich mich als Investor und Faulbär sogar darüber gefreut. Schließlich handelt es sich dabei erstens, lediglich um den aktuellen Kurswert und damit eine Momentaufnahme und zweitens, erwerbe ich bei niedrigeren Kursen und gleichbleibenden Sparraten mehr ETF-Anteile. Dies wiederum wirkt sich auf lange Sicht, haben sich die Kurse erholt, mit großer Wahrscheinlichkeit sehr positiv aus. Geduld ist die große Kunst der Faulbären.

Ich hoffe, Du erinnerst Dich an diese Worte, sollte auch Dein Portfolio mal ein dickes, fettes Minus aufweisen.

Da das Börsenjahr 2018 sehr unterdurchschnittlich verlief, habe ich mich absichtlich dafür entschieden, meine Auswahl von 2017 nicht zu verändern, sondern lediglich zu aktualisieren. Schließlich ist der ETF-Kurs immer nur eine Momentaufnahme und sollte nichts mit den grundlegenden Überlegungen zur ETF-Auswahl zu tun haben. Positiv überrascht hat mich bei der Aktualisierung, dass viele ETFs, die vor zwei Jahren noch nicht sparplanfähig waren, mittlerweile bei bestimmten Depotanbietern sparplanfähig sind – gerade für Faulbären positive Nachrichten. Bevor Du nun loslegst, lies' bitte §34 des Wertpapierhandelsgesetzes auf den letzten Seiten. Schließlich ist dieses Buch ein persönlicher Erfahrungsbericht und gibt keinerlei Anlageempfehlungen.

4 geniale Wachstums-ETFs

Wir starten unsere Reise mit sogenannten Wachstums-ETFs. Sie beinhalten junge Wachstumsunternehmen. Diese versprechen hohe Renditen, sind aber auch mit einem höheren Risiko behaftet. Mit Investitionen in Wachstumsunternehmen kannst Du, ähnlich wie zum Beispiel bei Crowdinvesting, von starken Umsatz- und Gewinnsteigerungen junger Unternehmen partizipieren. Diese ETFs sind in der Regel teurer, weil das Wachstum bereits in den Kaufpreis eingepreist wurde. Die Marktteilnehmer erwarten jedoch einen weiteren Kursanstieg.

	iShares EURO STOXX® Total Market Growth Large	WisdomTree US Quality Dividend Growth UCITS ETF USD Acc	Lyxor MSCI EMU Growth UCITS ETF D-EUR	iShares Core S&P 500 UCITS ETF (Acc)
Anbieter	BlackRock AM	WisdomTree	Lyxor	BlackRock AM
Index	Dow Jones EURO STOXX Large Cap Growth	Quality Dividend Growth Index	MSCI EMU Growth (€)	S & P 500 Composite Stock Index
Replikation	Physisch (voll)	Physisch (optimiert)	Physisch (voll)	Physisch (voll)
Erträge	Ausschüttend	Thesaurierend	Ausschüttend	Thesaurierend
Intervall	Quartalsweise	--------------------	Halbjährlich	--------------------
TER	0,40 %	0,33 %	0,4 %	0,07 %
Volumen	73 Mio. EUR	13 Mio. EUR	40 Mio. EUR	25 Mrd. EUR
Rendite ´18/19	-11,81 %	-2,74 %	-11,70 %	-1,07 %
Volatilität	15,87 %	17,54 %	14,25 %	18,06 %
Kaufpreis 01/19	32,16 EUR	17,95 EUR	112,13 EUR	218,11 EUR
Fondswährung	EUR	USD	EUR	USD
ISIN	IE00B0M62V02	DE000A2AGPX1	LU1598688189	IE00B5BMR087
Sparplanfähig	ja	ja	ja	ja

Vorteile: Höhere Renditechancen, starker Zinseszins-Effekt möglich.

Nachteile: Höheres Risiko, hohe Kursschwankungen, Kurssteigerungen bereits eingepreist.

4 geniale Value-ETFs

Die sogenannte Value-Strategie ist insbesondere durch die »Börsen-päpste« Benjamin Graham und Warren Buffett und deren Investitions-strategie in unterbewertete Unternehmen bekannt geworden. Von Unter-bewertung spricht man im Börsenjargon, wenn der Aktienkurs des Unternehmens nicht den wahren Wert des Unternehmens darstellt und man deshalb in der Zukunft mit Kurssteigerungen rechnet. Daher wird in werthaltige Unternehmen investiert und diese über viele Jahrzehnte gehal-ten, um irgendwann mit großen Gewinnen verkauft zu werden. Diese subs-tanzstarken Aktien laufen besonders gut, wenn die Wirtschaft wächst und Inflation, als auch Zinsen langsam steigen.

	Deka STOXX Euro-pe Strong Value 20 UCITS	Ossiam Shiller Barclays Cape US Sector Value TR UCITS ETF 1C (EUR)	Source MSCI Eu-rope Value UCITS ETF A	Lyxor MSCI EMU Value UCITS ETF D-EUR
Anbieter	Deka	Shiller Barclays	Source Markets	Lyxor
Index	Dow Jones EURO STOXX Large Cap Growth	Quality Dividend Growth Index	MSCI EMU Growth (€)	S & P 500 Compo-site Stock Index
(Benchmark)	Dow Jones STOXX® Strong Value 20 Index	CAPE® US Sector Value Index	MSCI Europe Value Index	MSCI EMU Value
Replikation	Physisch (voll)	Synthetisch	Synthetisch	Physisch (voll)
Erträge	Ausschüttend	Thesaurierend	Thesaurierend	Ausschüttend
Intervall	Quartalsweise	--------------------	--------------------	Halbjährlich
TER	0,67 %	0,65 %	0,35 %	0,40 %
Volumen	20 Mio. EUR	370 Mio. EUR	149 Mio. EUR	171 Mio. EUR
Rendite ´18/19	-8,13 %	-0,25 %	-11,98 %	-14,47 %
Volatilität	12,33 %	18,42 %	13,11 %	14,48 %
Kaufpreis 01/19	18,46 EUR	532,75 EUR	199,92 EUR	102,65 EUR
Fondswährung	EUR	EUR	EUR	EUR
ISIN	DE000ETFL045	LU1079841273	IE00B3LK4Z20	LU1598690169
Sparplanfähig	ja	ja	ja	ja

Vorteile: sichere Strategie, hohe Renditen möglich.

Nachteile: lange Haltedauer, hohe Volatilität.

4 geniale Dividenden-ETFs

Dividenden-ETFs sind eine wunderbare Sache für Privatanleger. Diese ETFs investieren in Unternehmen, die hohe und zuverlässige Renditen ausschütten. Damit zählen sie zu den risikoärmeren Aktien-ETFs. Es muss allerdings erwähnt werden, dass sich die Dividendenstärke hier auf die Vergangenheit bezieht und damit keine Garantie für die Zukunft ist. Auf der anderen Seite gibt es ETFs, wie zum Beispiel den »SPDR S&P US Dividend Aristocrats«, in den nur Unternehmen aufgenommen werden, die ihre Dividende im Laufe der vergangenen 25 Jahre jedes Jahr erhöht haben! Somit sind Dividenden-ETFs aus meiner Erfahrung für den Aufbau eines passiven

	Deka DAXplus Maximum Dividend	SPDR S&P Euro Dividend Aristocrats UCITS	iShares STOXX Global Select Dividend 100 UCITS ETF (DE)	WisdomTree Europe SmallCap Dividend UCITS ETF
Anbieter	Deka	Commerzbank	BlackRock AM	WisdomTree
Index	Dow Jones EURO STOXX Large Cap Growth	Quality Dividend Growth Index	MSCI EMU Growth (€)	S & P 500 Composite Stock Index
(Benchmark)	DAXplus Maximum Dividend Index	Dow Jones Euro STOXX Select Dividend 30 Performance-Index	STOXX® Global Select Dividend 100 Index	Europe SmallCap Dividend Index
Replikation	Physisch (voll)	Physisch (voll)	Physisch (voll)	Physisch (voll)
Erträge	Ausschüttend	Ausschüttend	Ausschüttend	Ausschüttend
Intervall	Quartalsweise	Halbjährlich	Mind. jährlich	Halbjährlich
TER	0,30 %	0,3 %	0,46 %	0,38 %
Volumen	370 Mio. EUR	1,16 Mrd. EUR	1,06 Mrd. EUR	37 Mio. EUR
Rendite '18/19	-19,67 %	-8,07 %	-5,58 %	-15,51 %
Volatilität	14,36 %	11,51 %	8,39 %	12,26 %
Kaufpreis 01/19	63,34 EUR	21,26 EUR	25,31 EUR	12,46 EUR
Fondswährung	EUR	EUR	EUR	EUR
ISIN	DE000ETFL235	IE00B5M1WJ87	DE000A0F5UH1	DE000A14ND46
Sparplanfähig	ja	ja	ja	ja

Vorteile: sichere Strategie, eher niedriges Risiko.

Nachteile: niedrigere Rendite, gut für passives Einkommen.

4 geniale Fundementalstrategie-ETFs

Diese ETF-Klasse verfolgt eine ganz andere Strategie. Während die meisten Aktienindizes die enthaltenen Unternehmen nach ihrer Markt-kapitalisierung bewerten, werden bei Indizes auf Fundamentalbasis eher kleinere und aussichtsreiche Unternehmen in den Fokus gestellt. Die Gewichtung erfolgt bei Indizes auf Fundamentalbasis anhand betriebswirt-schaftlicher Parameter wie dem Buchwert, Cashflow, Umsatz und Dividen-den der Unternehmen. Aus meiner Sicht sind diese ETFs eine wunderbare Art, das Portfolio zu diversifizieren. Suche hierfür einfach nach den soge-nannten »RAFI-Indizes«.

	PowerShares FTSE RAFI All-World 3000 UCITS ETF	Amundi ETF MSCI Europe Quality Factor UCITS ETF	Invesco FTSE RAFI Emerging Markets UCITS ETF	db x-trackers MSCI World Quality Factor UCITS ETF (DR)
Anbieter	Invesco	Amundi S.A.	Invesco	Deutsche Bank
Index	Dow Jones EURO STOXX Large Cap Growth	Quality Dividend Growth Index	MSCI EMU Growth (€)	S & P 500 Compo-site Stock Index
(Benchmark)	FTSE RAFI All-Wor-ld 3000 Index	MSCI EUROPE QUALITY Net Return EUR Index	FTSE FAFI Emer-ging Markets Net Index	MSCI World Sector Neutral Quality Index
Replikation	Physisch (teil)	Synthetisch	Physisch (voll)	Physisch (teil)
Erträge	Ausschüttend	Thesaurierend	Ausschüttend	Thesaurierend
Intervall	Quartalsweise	--------------------	Quartalsweise	--------------------
TER	0,39 %	0,23 %	0,49 %	0,25 %
Volumen	41 Mio. EUR	167 Mio. EUR	17 Mio. EUR	136 Mio. EUR
Rendite '18/19	-8,83 %	-6,61 %	-4,97 %	-3,04 %
Volatilität	11,86 %	12,58 %	14,09 %	13,19 %
Kaufpreis 01/19	15,60 EUR	59,29 EUR	7,32 EUR	28,47 EUR
Fondswährung	USD	EUR	USD	USD
ISIN	IE00B23LNQ02	LU1681041890	IE00B23D9570	IE00BL25JL35
Sparplanfähig	nein	Ja	nein	ja

Vorteile: gut zur weiteren Diversifikation, meist niedrige Kurswerte, geringere Volatilität.

Nachteile: in der Regel niedrige Fondsvolumina, (noch) eher unbekanntes Anlageinstrument.

4 geniale Renten-ETFs

Wie bereits erklärt, versteht man unter sind sogenannte Renten-ETFs Fonds, die den sogenannten Rentenmarkt abbilden. Der Rentenmarkt besteht hauptsächlich aus Staats- und Unternehmensanleihen. Sie werden zu den risikoarmen ETFs gezählt, wobei Unternehmensanleihen mit einem höheren Risiko behaftet sind, als Staatsanleihen und Pfandbriefe, aber weniger risikobehaftet sind als Aktien. Während es vor einigen Jahren noch kaum länderspezifische Renten-ETFs gab, kannst Du mittlerweile in ganz spezifische Indizes investieren, die den Kursverlauf festverzinslicher Staatsanleihen abbilden. Grundsätzlich unterscheidet man bei Anleihen, ob Staats- oder Unternehmensanleihen, nach Laufzeit und Rendite, wobei das Kapital, sobald eine Anleihe ausläuft, sofort wieder reinvestiert wird. Darüber hinaus ist der Zusammenhang zwischen Zinsniveau und Kursverlauf wichtig zu verstehen. Denn gerade in Zeiten steigender Zinsen könnten Anleihen-ETFs an Wert verlieren (es sei denn, die ETFs verfolgen zusätzlich eine Short-Strategie). In Zeiten fallender Zinsen können mit Anleihen-ETFs Kursgewinne erzeugt werden. Insofern werden Anleihegewinne häufig verwendet, um sie in ETFs zu reinvestieren, die höhere Renditen versprechen und hohe Liquidität zu gewährleisten.

Der Vollständigkeit halber möchte ich im Rahmen der Vorstellung von risikoarmen Renten-ETFs die noch risikoärmeren Geldmarkt-ETFs erwähnen. Diese eignen sich hervorragend, um das Risiko innerhalb des Portfolios zu senken, bieten allerdings – gerade in Niedrigzinszeiten – extrem geringe Renditen. Da wir mit unserem Portfolio aber ohnehin einen langfristigen Anlagehorizont verfolgen, vernachlässige ich sie.

	iShares Euro Government Bond 1-3yr UCITS ETF	iShares eb.rexx Government Germany 1.5-2.5yr UCITS ETF (DE)	iShares Euro Corporate Bond BBB-BB UCITS ETF	db x-trackers USD Corporate Bond UCITS ETF (DR) 2D (EUR hedged)
Anbieter	BlackRock AM	BlackRock AM	BlackRock AM	Deutsche Bank
Index	Dow Jones EURO STOXX Large Cap Growth	Quality Dividend Growth Index	MSCI EMU Growth (€)	S & P 500 Composite Stock Index
(Benchmark)	Bloomberg Barclays Euro Government Bond 1-3 Year Term	eb.rexx Government Germany 1.5-2.5 Kursindex	Markit iBoxx EUR Corporates BBB-BB	Barclays USD Liquid Investment Grade Corporate EUR hedged Index
Replikation	Physisch (sample)	Physisch (sample)	Physisch (sample)	Physisch (sample)
Erträge	Ausschüttend	Ausschüttend	Ausschüttend	Ausschüttend
Intervall	Halbjährlich	Mind. jährlich	Halbjährlich	Jährlich
TER	0,20 %	0,16 %	0,25 %	0,21 %
Volumen	1,36 Mrd. EUR	256 Mio. EUR	362 Mio. EUR	168 Mio. EUR
Rendite ´18/19	-0,47 %	-0,56 %	-2,42 %	-4,91 %
Volatilität	1,34 %	0,48%	1,87 %	3,98 %
Kaufpreis 01/19	143,92 EUR	86,41 EUR	4,97 EUR	13,57 EUR
Fondswährung	EUR	EUR	EUR	EUR
ISIN	IE00B14X4Q57	DE0006289473	IE00BSKRK281	IE00BZ036J45
Sparplanfähig	ja	ja	ja	ja

Vorteile: gut zur Risikosicherung, niedrige Volatilität, niedrige TER.

Nachteile: Geldflut der EZB sorgt für Negativverzinsung.

4 geniale Portfolio-ETFs (Mischfonds)

Sogenannte Portfolio-ETFs sind eine relativ junge und unbekannte ETF-Klasse. Sie bestehen neben Value- auch aus Smallcap- und Schwellenländer-Titeln sowie Staatsanleihen und Rohstoff-ETFs. Mit dieser Zusammensetzung versucht man stabilen Aktien riskantere Nebenwerte mit großem Wachstumspotential beizumischen, um damit die Gesamtrendite zu erhöhen, sowie das Gesamtrisiko durch Staatsanleihen und Rohstoff-ETFs zu diversifizieren. Somit entsteht eine interessante Kombination aus gegenseitiger »Risikokomplementarität« (antizyklisch, Liquidität und politisches Risiko) und guter Risikobalance. Aufgrund breiter Diversifikation eignen sich Portfolio-ETFs hervorragend für den langfristigen Vermögensaufbau.

	db x-Trackers Portfolio Total Return ETF	ComStage Vermoegensstrategie UCITS ETF	db x-trackers Portfolio Income UCITS ETF 1D	SPDR Morningstar Multi-Asset Global Infrastructure UCITS ETF
Anbieter	Deutsche Bank	Commerzbank	Deutsche Bank	State Street Global Advisors Ltd.
Index	Dow Jones EURO STOXX Large Cap Growth	Quality Dividend Growth Index	MSCI EMU Growth (€)	S & P 500 Composite Stock Index
(Benchmark)	Deutsche Bank Portfolio Total Return Index	----------------------	db Stiftungs-ETF Wachstum Index	Morningstar Gbl Mult-At Infra GR USD
Replikation	Synthetisch	Physisch (voll)	Physisch (voll)	Physisch (sample)
Erträge	Thesaurierend	Thesaurierend	Ausschüttend	Ausschüttend
Intervall	----------------------	----------------------	Jährlich	Halbjährlich
TER	0,70 %	0,48 %	0,65 %	0,40 %
Volumen	342 Mio. EUR	71 Mio. EUR	34 Mio. EUR	408 Mio. EUR
Rendite '18/19	-6,56 %	-5,76 %	-3,86 %	+0,31 %
Volatilität	7,01 %	7,59%	4,26 %	7,52 %
Kaufpreis 01/19	203,35 EUR	112,40 EUR	11,37 EUR	26,65 EUR
Fondswährung	EUR	EUR	EUR	EUR
ISIN	LU0397221945	DE000ETF7011	IE00B3Y8D011	IE00BQWJFQ70
Sparplanfähig	ja	ja	ja	Nein

Vorteile: zum Vermögensaufbau geeignet, da niedrige Volatilität und breite Diversifikation.
Nachteile: höherer TER, geringere Rendite, wenig Auswahl.

4 geniale Immobilien-ETFs

Immobilien-ETFs werden im Fachjargon auch als REITs bezeichnet. Sie bieten die Chance, nicht nur von steigenden Immobilienpreisen zu profitieren, sondern auch das Risiko des Gesamtportfolios zu senken. Schließlich korreliert der Immobilienmarkt nur gering mit dem Finanzmarkt. Du kannst sowohl ETFs auf global diversifizierte Indizes erwerben, als auch länderspezifische ETFs. Diese sind jedoch mit einem deutlich höheren Risiko behaftet, da sich die Investition auf eine Region bzw. ein Land konzentriert und Immobilienblasen gerne mal platzen.

	db x-trackers FTSE EPRA/NAREIT Developed Europe Real Estate UCITS ETF (DR) 1C	SPDR FTSE EPRA Europe ex UK Real Estate UCITS ETF	iShares European Property Yield UCITS ETF	BNP Paribas Easy FTSE EPRA/ NAREIT Eurozone Capped UCITS ETF QD D
Anbieter	Deutsche Bank	Commerzbank	BlackRock AM	BNP Paribas Asset Management
Index	Dow Jones EURO STOXX Large Cap Growth	Quality Dividend Growth Index	MSCI EMU Growth (€)	S & P 500 Composite Stock Index
(Benchmark)	FTSE EPRA/NA-REIT Developed Europe Index	FTSE EPRA/NAREIT Dev. Europe ex-UK	FTSE EPRA/ NAREIT Europe ex UK Index Fund Dividend +	FTSE EPRA Eurozone
Replikation	Physisch (sample)	Physisch (voll)	Physisch (voll)	Physisch (sample)
Erträge	Thesaurierend	Thesaurierend	Ausschüttend	Ausschüttend
Intervall	----------------------	----------------------	Quartalsweise	Quartalsweise
TER	0,33 %	0,30 %	0,40 %	0,40 %
Volumen	430 Mio. EUR	65 Mio. EUR	1,24 Mrd. EUR	278 Mio. EUR
Rendite '18/19	-6,75 %	-4,42 %	-5,28 %	**-5,86 %**
Volatilität	12,13 %	12,31%	12,24 %	11,77 %
Kaufpreis 01/19	24,44 EUR	29,03 EUR	39,10 EUR	9,29 EUR
Fondswährung	EUR	EUR	EUR	EUR
ISIN	LU0489337690	IE00BSJCQV56	IE00B0M63284	LU0192223062
Sparplanfähig	ja	ja	ja	ja

Vorteile: Portfoliodiversifikation, kaum Korrelation zum Aktienmarkt.

Nachteile: geringere Rendite, wenig Auswahl.

4 geniale Rohstoff-ETFs

Eine weitere Alternative, Dein Portfolio zu diversifizieren und damit das Gesamtrisiko zu senken, sind sogenannte Rohstoff-ETFs. Rohstoff-ETFs werden auch als ETCs, »Exchange Traded Commodities«, bezeichnet. Du investierst in Unternehmen, die in Rohstoff-Vergleichsindizes enthalten sind. Grundsätzlich empfiehlt es sich als Anfänger aus Risikogesichtspunkten, lieber in große, globale Rohstoff-Indizes zu investieren, als in kleinere, spezifische. Dabei solltest Du darauf achten, dass es mittlerweile eine ganze Reihe innovativer Produkte verschiedener Bankhäuser gibt.

	ComStage Commerzbank Commodity ex-Agriculture EW Index TR UCITS ETF	Lyxor MSCI World Materials TR UCITS ETF C-EUR	iShares STOXX Europe 600 Basic Resources UCITS ETF (DE)	Lyxor STOXX Europe 600 Basic Resources UCITS ETF EUR
Anbieter	Commerzbank	Lyxor	BlackRock	Lyxor
Index	Dow Jones EURO STOXX Large Cap Growth	Quality Dividend Growth Index	MSCI EMU Growth (€)	S & P 500 Composite Stock Index
(Benchmark)	Commodity (CoCo) ex-Agriculture EW Index	MSCI World Materials (End of Day) Index	STOXX® Europe 600 Basic Resources Index	STOXX® Europe 600 Basic Resources Index
Replikation	Synthetisch	Synthetisch	Physisch (voll)	Synthetisch
Erträge	Thesaurierend	Thesaurierend	Ausschüttend	Thesaurierend
Intervall	----------------------	----------------------	Mind. jährlich	----------------------
TER	0,30 %	0,30 %	0,46 %	0,30 %
Volumen	312 Mio. EUR	22 Mio. EUR	255 Mio. EUR	227 Mio. EUR
Rendite '18/19	-3,05 %	-14,26 %	-13,11 %	**-13,13 %**
Volatilität	13,58 %	14,08%	24,38 %	24,38 %
Kaufpreis 01/19	84,92 EUR	289,33 EUR	41,64 EUR	50,52 EUR
Fondswährung	USD	EUR	EUR	EUR
ISIN	LU0419741177	LU0533033824	DE000A0F5UK5	FR0010345389
Sparplanfähig	ja	ja	ja	ja

Vorteile: Portfoliodiversifikation, relativ unabhängig vom Aktienmarkt.

Nachteile: hohe Volatilität, hohes Risiko, häufig in USD gehandelt (Währungsrisiko).

4 geniale ökologisch-nachhaltige-ETFs

Unser Handeln hat einen Einfluss auf unsere Umwelt. Das gilt auch für unseren Umgang mit Geld, insbesondere in einer turbokapitalistischen Welt. Immer mehr Privatanleger haben das erkannt und wollen ihr Geld nachhaltig anlegen. Für sie spielen die Faktoren Ökologie, Sozialverträglichkeit und Ethik eine übergeordnete Rolle. Aber auch große Versicherungen und Staats- und Pensionsfonds rücken diese Faktoren vermehrt in den Mittelpunkt (und machen von ihrem durch Aktien erworbenes Mitspracherecht bei Hauptversammlungen und bei unternehmensstrategischen Entscheidungen Verwendung. Eine zentrale Erkenntnis meiner Masterarbeit »Staatsfonds und Beteiligungsunternehmen: Fluch oder Segen für international agierende Kapitalgesellschaften«). Das haben viele ETF-Anbieter erkannt und bieten mittlerweile eine ganze Reihe verschiedener ETFs an, die Indizes mit ökologisch-nachhaltig orientierten Unternehmen nachbilden. Außerdem ist die Investition in Aktien umweltbewusster und verantwortungsvoller Unternehmen mittlerweile auch lohnenswert geworden, wie die Studie der Universität Oxford »From Stockholder to the Stakeholder« aufzeigt. Sie besagt, dass Unternehmen, die nachhaltig denken, ihren Anlegern mehr Rendite bei gleichzeitig geringeren Risiken bieten. Das Gegenteil, ökologisch-nachhaltige bzw. ethisch-soziale Unternehmen seinen weniger renditeträchtig konnte bislang nicht bewiesen werden!

Ich persönlich finde diese Entwicklung wunderbar! Schließlich sollten wir alle ein Interesse an einer gesunden und gerechten Welt haben.

Wenn Du einen ähnlichen Weg gehen willst, kannst Du entweder auf die sogenannten ESG-Kriterien (Environmental, Social und Governance) für ökologisches Wirtschaften, gesellschaftliche Verantwortungsübernahme und Unternehmensführung achten oder Dich bei den Rating-Agenturen SAM und Sustainalytics schlau machen. Diese schließen Unternehmen aus, die ihr Geld mit Alkohol, Glückspiel, Waffen, Pornografie oder Tabakwaren verdienen. Wie ich im Rahmen der Recherchen zu meinem Buch »Öko-ethinvesting« herausfinden konnte, unterliegen ethisch bzw. ökologisch orientierte Unternehmen weniger Risikoschwankungen, da sie ihr Handeln eher konvervativ-langfristig statt renditeorientiert-kurzfristig ist.

	iShares Global Clean Energy UCITS ETF	Lyxor World Water UCITS ETF D-EUR	iShares Dow Jones Global Sustainabili-ty Screened UCITS ETF	iShares Dow Jones Eurozone Sustain-ability Screened UCITS ETF (DE)
Anbieter	BlackRock AM	Lyxor	BlackRock AM	BlackRock AM
Index	Dow Jones EURO STOXX Large Cap Growth	Quality Dividend Growth Index	MSCI EMU Growth (€)	S & P 500 Compo-site Stock Index
(Benchmark)	S&P Global Clean Energy Index	World Water Index	Dow Jones Sustainability World Enlarged Index ex Alcohol, Tobacco, Gambling, Armaments & Firearms and Adult Entertainment Index	Dow Jones Sustainability Eu-rozone ex Alcohol, Tobacco, Gambling, Armaments & Firearms and Adult Entertainment Index
Replikation	Physisch (voll)	Synthetisch	Physisch (sample)	Physisch (voll)
Erträge	Ausschüttend	Ausschüttend	Thesaurierend	Ausschüttend
Intervall	Halbjährlich	Halbjährlich	------------------------	Mind. jährlich
TER	0,65 %	0,60 %	0,60 %	0,41 %
Volumen	97 Mio. EUR	458 Mio. EUR	148 Mio. EUR	156 Mio. EUR
Rendite ´18/19	-2,68 %	-11,89 %	-5,14 %	**-10,55 %**
Volatilität	14,71 %	12,54%	12,27 %	13,11 %
Kaufpreis 01/19	4,40 EUR	32,37 EUR	32,34 EUR	11,55 EUR
Fondswährung	USD	EUR	USD	EUR
ISIN	IE00B1XNHC34	FR0010527275	IE00B57X3V84	DE000A0F5UG3
Sparplanfähig	ja	ja	ja	ja

Vorteile: zunehmend mehr Auswahl, sinnvolles Investieren.

Nachteile: höherer TER, starke Branchenkonzentration.

4 ethisch-soziale-ETFs

Neben ökologisch-nachhaltigen ETFs habe ich auch schon die ethisch-soziale Ausrichtung einiger ETFs erwähnt. Es werden zum Beispiel Unternehmen ausgeschlossen, die gewisse ethische oder religiöse Kriterien nicht wahren. Darunter fallen zum Beispiel die Waffenindustrie, aber auch Scharia-konforme Unternehmen, die ein besonderes Augenmerk auf das Zinsverbot im Koran legen. Auch hier kannst Du Dich an den ESG-Kriterien orientieren.

	BNP Paribas Easy MSCI EMU ex Controversial Weapons UCITS ETF	UBS ETF (LU) MSCI Emerging Markets Socially Responsible UCITS ETF (USD) A-dis	UBS ETF (LU) MSCI Pacific Socially Responsible UCITS ETF (USD) A-dis	iShares MSCI World Islamic UCITS ETF
Anbieter	BNP Paribas	UBS	UBS	BlackRock AM
Index	Dow Jones EURO STOXX Large Cap Growth	Quality Dividend Growth Index	MSCI EMU Growth (€)	S & P 500 Composite Stock Index
(Benchmark)	MSCI EMU ex Controversial Weapons Index	MSCI Emerging Markets SRI 5% Capped Index	MSCI Pacific Socially Responsible 5% Capped Index	MSCI World Islamic Index
Replikation	Physisch (voll)	Physisch (voll)	Physisch (voll)	Physisch (sample)
Erträge	Thesaurierend	Ausschüttend	Ausschüttend	Ausschüttend
Intervall	----------------------	Halbjährlich	Halbjährlich	Halbjährlich
TER	0,25 %	0,53 %	0,40 %	0,60 %
Volumen	231 Mio. EUR	349 Mio. EUR	81 Mio. EUR	110 Mio. EUR
Rendite ´18/19	-12,97 %	-7,88 %	-10,01 %	**-4,91 %**
Volatilität	13,41 %	13,68 %	14,07 %	12,62 %
Kaufpreis 01/19	8,75 EUR	11,42 EUR	55,91 EUR	26,21 EUR
Fondswährung	EUR	USD	USD	USD
ISIN	LU1291098827	LU1048313891	LU0629460832	IE00B27YCN58
Sparplanfähig	ja	ja	ja	ja

Vorteile: zunehmend mehr Auswahl, verantwortungsvolles Investieren.

Nachteile: höherer TER.

4 geniale inflationsgeschützte ETFs

Wer sein Geld nicht investiert, und damit in den Kreislauf zurück-gibt, verliert Geld durch den entwertenden Effekt der Inflation. Dagegen kann man sich mit sogenannten inflationsgeschützten bzw. »Inflation lin-ked« ETFs schützen. Das sind insbesondere inflationsgebundene Anleihen, deren Verzinsung sich am Verbraucherpreisindex orientiert. Wir bewegen uns damit in der Regel im Geld- und Rentenmarkt. Gerade bei ausländi-schen Anleihen-ETFs solltest Du einmal mehr das Währungsrisiko im Auge behalten.

	Lyxor EUR 2-10Y Inflation Expecta-tions UCITS ETF C-EUR	SPDR Barclays EM Inflation-Linked Local Bond UCITS ETF	iShares Euro Inflation Linked Government Bond UCITS ETF	iShares ICE TIPS 0-5 UCITS ETF
Anbieter	Lyxor	SPDR	BlackRock AM	BlackRock AM
Index	Dow Jones EURO STOXX Large Cap Growth	Quality Dividend Growth Index	MSCI EMU Growth (€)	S & P 500 Compo-site Stock Index
(Benchmark)	iBoxx® EUR Breakeven Euro-In-flation France & Germany Index	Bloomberg Barclays Emerging Markets Inflation-Linked 20% Capped Index	Bloomberg Barclays Euro Go-vernment Inflation Linked Bond Index	ICE US Treasury 0-5 Inflation-Lin-ked Index
Replikation	Synthetisch	Physisch (sample)	Physisch (sample)	Physisch (sample)
Erträge	Thesaurierend	Ausschüttend	Thesaurierend	Ausschüttend
Intervall	----------------------	Halbjährlich	---------------- ------	Halbjährlich
TER	0,25 %	0,55 %	0,25 %	0,10 %
Volumen	1,04 Mrd. EUR	68 Mio. EUR	1,17 Mrd. EUR	728 Mio. EUR
Rendite ´18/19	-2,48 %	-1,69 %	- 1,43 %	+5,17 %
Volatilität	1,46 %	9,88 %	3,61 %	7,70 %
Kaufpreis 01/19	98,70 EUR	54,46 EUR	206,30 EUR	4,21 EUR
Fondswährung	EUR	USD	EUR	USD
ISIN	LU1390062245	IE00B7MXFZ59	IE00B0M62X26	IE00BDQYWQ65
Sparplanfähig	ja	nein	ja	ja

Vorteile: niedriger TER, Inflationsschutz, Portfoliodiversifikation, niedrige Volatilität.

Nachteile: niedrige Rendite, abhängig von Zinspolitik der Notenbanken.

4 geniale globale Aktien-ETFs

Eine der einfachsten ETF-Investitionen, die eine breite Diversifizierung garantieren, sind Investitionen in ETFs, die einen der vielen MSCI World Indizes und damit 85% der Marktkapitalisierung der Industrieländer abbilden (ausschüttend und thesaurierend). Damit kannst Du an der globalen Wertschöpfung durch Kursgewinne und Dividenden partizipieren. Enthalten sind, ca. 1.650 Unternehmen. Im MSCI World Index sind die USA mit 58,72%, Japan mit 8,96% und Großbritannien mit 7,41% am stärksten vertreten. Da die Fondswährung des MSCI World in US-Dollar lautet, sollten währungsgesicherte ETFs in Deinen Überlegungen eine Rolle spielen.

	iShares Edge MSCI World Momentum Factor UCITS ETF	UBS ETF (LU) MSCI World Socially Responsible UCITS ETF (USD) A-dis	iShares MSCI World EUR Hedged UCITS ETF	iShares Edge MSCI World Minimum Volatility UCITS ETF
Anbieter	BlackRock AM	UBS	BlackRock AM	BlackRock AM
Index	Dow Jones EURO STOXX Large Cap Growth	Quality Dividend Growth Index	MSCI EMU Growth (€)	S & P 500 Composite Stock Index
(Benchmark)	MSCI World Momentum Index	MSCI Emerging Markets SRI 5% Capped Index	MSCI World Index	MSCI World Minimum Volatility Index
Replikation	Physisch (sample)	Physisch (voll)	Physisch (sample)	Physisch (sample)
Erträge	Thesaurierend	Ausschüttend	Thesaurierend	Thesaurierend
Intervall	----------------------	Halbjährlich	------------------------	-----------------------
TER	0,30 %	0,38 %	0,55 %	0,30 %
Volumen	1,04 Mrd. EUR	701 Mio. EUR	1,57 Mrd. EUR	2,37 Mrd. EUR
Rendite '18/19	-0,62 %	-3,26 %	-9,40 %	+1,92 %
Volatilität	18,45 %	13,18 %	12,81 %	10,96 %
Kaufpreis 01/19	31,99 EUR	74,90 EUR	47,11 EUR	37,50 EUR
Fondswährung	USD	USD	EUR	USD
ISIN	IE00BP3QZ825	LU0629459743	IE00B441G979	IE00B8FHGS14
Sparplanfähig	ja	ja	ja	ja

Vorteile: für langfristigen Vermögensaufbau geeignet, breite Diversifizierung, relativ günstig.
Nachteile: in der Regel in USD gehandelt.

4 geniale ETFs aus den USA

US-amerikanische Aktien sind generell relativ teuer. Allerdings ist die USA nach wie vor die größte Volkswirtschaft der Welt und das Zugpferd der Weltwirtschaft. Somit stellen US-amerikanische Unternehmen auch die größte globale Marktkapitalisierung. Darüber hinaus wächst ihre Wirtschaft wieder schneller, die Staatsschuldenkrise ist – zumindest für den Moment – im Griff und auch die Arbeitslosenzahlen sinken stetig. Die USA sind in Branchen wie der Informations- oder Biotechnologie Weltmarktführer. Somit sind ETFs auf US-amerikanische Indizes eine Überlegung, um Rendite zu machen.

	Invesco S&P 500 UCITS ETF Acc	iShares S&P SmallCap 600 UCITS ETF	SPDR S&P 400 US Mid Cap UCITS ETF	PowerShares EQQQ Nasdaq 100 UCITS ETF
Anbieter	Invesco	BlackRock AM	SPDR	Invesco
Index	Dow Jones EURO STOXX Large Cap Growth	Quality Dividend Growth Index	MSCI EMU Growth (€)	S & P 500 Composite Stock Index
(Benchmark)	S&P 500® (Performance-) Index	S&P SmallCap 600 Index	S&P MidCap 400 Index	Nasdaq 100® (Performance-) Index
Replikation	Synthetisch	Physisch (sample)	Physisch (sample)	Physisch (voll)
Erträge	Thesaurierend	Ausschüttend	Thesaurierend	Ausschüttend
Intervall	-----------------------	Halbjährlich	-----------------------	Quartalsweise
TER	0,05 %	0,40 %	0,30 %	0,30 %
Volumen	2,13 Mrd. EUR	1,06 Mrd. EUR	731 Mio. EUR	1,88 Mrd. EUR
Rendite ´18/19	-0,82 %	-1,57 %	-6,01 %	+3,63 %
Volatilität	18,06 %	18,50 %	16,89 %	25,34 %
Kaufpreis 01/19	400,15 EUR	51,61 EUR	43,60 EUR	138,97 EUR
Fondswährung	USD	USD	USD	USD
ISIN	DE000A1JM6F5	IE00B2QWCY14	IE00B4YBJ215	IE0032077012
Sparplanfähig	ja	ja	ja	nein

Vorteile: hohe Marktkapitalisierung, niedriger TER, große Fondsvolumina.

Nachteile: relativ teuer, Handel in USD (Währungsrisiko).

4 geniale ETFs aus Japan

Die japanische Zentralbank hat Anfang des Jahres dauerhafte Niedrigzinsen versprochen. Diese Strategie setzt sie mittlerweile auch mit Aufkäufen von Unternehmensanleihen durch. Im Klartext heißt das, Geld ohne Ende für die japanischen Finanzmärkte, was sich in den Kursverläufen deutlich bemerkbar macht. Zudem gelten japanische Aktien als niedrig bewertet. Die Unternehmen halten jedoch sehr hohe Bargeldreserven, was auf eine hohe Liquidität und funktionierenden Cashflow hindeutet.

Bildet Nikkei-400 Index ab. Darin sind alle Unternehmen mit attraktiven Fundamentaldaten und robusten Regeln in der Unternehmensführung. Dazu hat man eine Währungssicherung eingebaut.

	Amundi ETF JPX-Nikkei 400 UCITS ETF Daily Hedged EUR	WisdomTree Japan Equity UCITS ETF USD Hedged	db x-trackers MSCI Japan Index UCITS ETF (DR) 1C	HSBC MSCI Japan UCITS ETF USD
Anbieter	Amundi ETF	WisdomTree	Deutsche Bank	HSBC
Index	Dow Jones EURO STOXX Large Cap Growth	Quality Dividend Growth Index	MSCI EMU Growth (€)	S & P 500 Composite Stock Index
(Benchmark)	JPX-Nikkei 400 EUR Hedged Index	WisdomTree Japan USD-Hedged Equity Index	MSCI Japan (Performance-) Index	MSCI Japan (Performance-) Index
Replikation	Synthetisch	Physisch (sample)	Physisch (voll)	Physisch (voll)
Erträge	Thesaurierend	Ausschüttend	Thesaurierend	Ausschüttend
Intervall	-----------------------	Halbjährlich	------------------------	Halbjährlich
TER	0,18 %	0,48 %	0,30 %	0,19 %
Volumen	119 Mio. EUR	165 Mio. EUR	1,88 Mrd. EUR	174 Mio. EUR
Rendite '18/19	-18,95 %	-17,27 %	-10,77 %	**-10,64 %**
Volatilität	16,07 %	17,54 %	16,25 %	15,81 %
Kaufpreis 01/19	140,62 EUR	12,41 EUR	48,27 EUR	26,69 EUR
Fondswährung	EUR	USD	USD	USD
ISIN	LU1681039134	DE000A14SLH0	LU0274209740	DE000A1C0BD3
Sparplanfähig	Ja	nein	ja	ja

Vorteile: hohe Marktkapitalisierung, Geldflut japanische Zentralbank, niedriger TER, günstig.
Nachteile: hohe Renditen, nur wenige ETFs sparplanfähig, hohe Volatilität, Währungsrisiko.

4 geniale ETFs für passives Einkommen

Ich bin ein großer Fan vom sogenannten »passiven Einkommen«. Während ich jahrelang mit dem Ziel einer (Vermögens-) verteilungsgerechteren Welt gegen ein hyperkapitalistisches, fehlkonstruiertes Geldsystem gekämpft habe, verfolge ich mittlerweile einen anderen Weg. Im herrschenden Geld- und Wirtschaftssystem ist auch die politische Macht an das Geld bzw. Kapital gekoppelt. Das macht einen tiefgreifenden Wandel unwahrscheinlich. Somit bleibt uns, den Ottonormalbürgern, nur, es den Reichen dieser Welt gleich zu tun und ebenfalls passives Einkommen durch Finanzinvestitionen aufzubauen (und einen Teil unserer Einkünfte zu spenden), wenn wir eine Welt anstreben, in der Vermögen fairer verteilt sind. Ich hoffe daher, dass auch Du einen Teil Deines Vermögens nutzt, um damit anderen Menschen zu helfen.

	Deka DAXplus Maximum Dividend UCITS ETF	ComStage EURO STOXX Select Dividend 30 NR UCITS ETF	iShares MSCI USA Dividend IQ UCITS ETF	SPDR S&P US Dividend Aristocrats
Anbieter	Deka	Commerzbank	BlackRock AM	State Street
Index	Dow Jones EURO STOXX Large Cap Growth	Quality Dividend Growth Index	MSCI EMU Growth (€)	S & P 500 Composite Stock Index
(Benchmark)	DAXplus® Maximum Dividend (Kurs-) Index	EURO STOXX® Select Dividend 30 (Kurs-) Index	MSCI USA High Dividend Yield Index	S&P High Yield Dividend Aristocrats
Replikation	Physisch (voll)	Physisch (voll)	Physisch (voll)	Physisch (voll)
Erträge	Ausschüttend	Ausschüttend	Ausschüttend	Ausschüttend
Intervall	Quartalsweise	Jährlich	Halbjährlich	Quartalsweise
TER	0,30 %	0,25 %	0,35 %	0,35 %
Volumen	370 Mio. EUR	65 Mio. EUR	290 Mio. EUR	2,04 Mrd. EUR
Rendite ´18/19	-19,67 %	-11,58 %	+0,49 %	+1,62 %
Volatilität	14,36 %	12,08 %	16,20 %	14,77 %
Kaufpreis 01/19	63,36 EUR	37,81 EUR	28,02 EUR	43,62 EUR
Fondswährung	EUR	EUR	USD	USD
ISIN	DE000ETFL235	LU0378434236	IE00BKM4H312	IE00B6YX5D40
Sparplanfähig	ja	ja	ja	ja

Vorteile: hohe Dividendenausschüttung, sparplanfähig, hohe Renditen, niedriger TER.

Nachteile: keine thesaurierenden ETFs. 6 Steuern: Ein leidiges Thema leicht gemacht!

Steuern: Ein leidiges Thema leicht gemacht!

»Erst beim Abfassen der Einkommensteuererklärung kommt man dahinter, wie viel Geld man sparen würde, wenn man gar keines hätte.«

FERNANDEL

Dieses Buch wäre nicht komplett, hätte ich es mir einfach gemacht, und das Thema Steuern außen vorgelassen. An diesem vermeintlich leidigen Thema führt allerdings kein Weg vorbei. Doch auch hier erscheint der Steuerriese Turtur nur aus der Entfernung groß und unbezwingbar. Ein Steuerberater kann hier helfen, kostet aber Geld und schmälert Deine Rendite. Insofern ist es lohnenswert, Dich selbst mit dem Thema Steuern bei Anlagen in Indexfonds und ETFs zu beschäftigen. Dann kannst Du die notwendigen Angaben künftig kinderleicht selbst der Einkommenssteuerbescheinigung beifügen.

Das wichtigste vorweg. Jeder muss in Deutschland Kapitalerträge versteuern. Auf Erträge fallen 25% Abgeltungssteuer plus Kirchensteuer und Solidaritätszuschlag (1%) an. Allerdings kannst Du bei Deinem Depotanbieter einen Freistellungsauftrag (44a EStG) einrichten. Diese Funktion steht im Login-Bereich Deines Depotanbieters, unter Angabe Deiner Steueridentifikationsnummer, zur Verfügung. Damit bist Du bis 801 Euro Kapitalerträge im Jahr steuerbefreit! Beachte, dass dies für die Summe Deiner Kapitalerträge gilt. Bist Du bei mehreren Depotanbietern oder Investmentplattformen (Einzelpapiere, Crowdinvesting, P2P-Kreditvergabe, etc.) vertreten, musst Du Deinen sogenannten Sparerpauschbetrag entsprechend optimal aufteilen (eine Änderung während des Jahres ist jederzeit möglich).

Steuerarten die Faulbären kennen müssen

»Die Unkenntnis der Steuergesetze befreit nicht von der Pflicht
zum Steuerzahlen. Die Kenntnis aber häufig.«

MEYER A. ROTHSCHILD

Bevor wir auf die Neuerungen durch die Investmentsteuerreform aus dem Jahr 2018 eingehen, möchte ich Dir in aller gebotenen Kürze die wichtigsten Steuerarten für Deine ETF-Faulbärkarriere vorstellen. Sie werden Dir im Finanzbereich immer wieder begegnen und flößen nur Respekt ein, wenn Du sie nicht kennst. Je besser Deine Kenntnis zu den Steuergesetzen ist, umso besser kannst Du diese Zahlungen auf ein Minimum reduzieren. Abgeltungssteuer

Die Abgeltungssteuer wurde als Reaktion auf die Finanzkrise 2008 im Jahre 2009 eingeführt.

- Rechtliche Grundlage der Abgeltungssteuer ist 32d EStG.
- Die Steuerlast beträgt 25 Prozent auf Zinsen, Dividenden und realisierte Kursgewinne.
- Die Erträge müssen in der Anlage KAP der Einkommenssteuererklärung angegeben werden.
- Du darfst ETF-Kapitalverluste mit ETF-Erträgen verrechnen.
- Du kannst nicht realisierte Verluste in das kommende Steuerjahr übertragen.
- Die Abgeltungssteuer wird von der Bank einbehalten und an das Finanzamt abgeführt.

Quellensteuer

Der Großteil der ETFs wird im Ausland aufgelegt. Das machte bestimmten ETF-Arten, insbesondere physisch thesaurierende ETFs, bisher vor allem aus steuerlichen Gesichtspunkten ziemlich unattraktiv.

- Auf Dividenden aus dem Ausland wird Quellensteuer fällig. Sie wird automatisch einbehalten.
- Als ETF-Investoren können wir uns einen Teil der Quellensteuer über die Steuererklärung zurückholen.
- Die Höhe ist vom spezifischen Doppelbesteuerungsabkommen mit dem Quellenstaat abhängig.

Doppelbesteuerung vermeiden

Wie? Ich werde zwei Mal besteuert? Nein, genau das wollen wir vermeiden.

- Die Erträge ausländischer ETFs sind in der Steuererklärung (Anlage KAP, Zeile 15) anzugeben. Beim Verkauf des ETF werden noch einmal Abgeltungssteuern fällig. Damit entsteht eine Doppelbesteuerung, die Du in Deiner Steuererklärung nachweisen und zurückfordern kannst.
- Bei synthetischen ETFs (Swaps) gibt es keine Doppelbesteuerung!
- Bei deutschen ETFs wird die Steuer automatisch abgeführt.

Das neue Investmentsteuergesetz (seit 2018)

»Steuern sind der Preis der Zivilisation. Im Urwald gibt es keine Steuern.«

ROBERT WAGNER

Da gerade ausländisch thesaurierende ETFs in der Vergangenheit aus steuerlichen Gesichtspunkten relativ kompliziert waren, profitieren wir heute von den Neuerungen des Gesetzgebers zum 01.01.2018. Damit wurden Erleichterungen bei der Steuererklärung erzielt und zugleich in- und ausländische ETFs gleichgestellt. Darüber hinaus spielt es keine Rolle mehr, welche wie der ETF repliziert wird und ob er Zinsen und Dividenden ausschüttet oder thesauriert. Statt konkrete Ausschüttungsbeträge zu besteuern dient eine pauschale Wertsteigerung - die sogenannte Vorabpauschale – als Steuerbemessungsgrundlage für die Abgeltungssteuer.

Damit genügen wir für die Steuerermittlung bei ETFs nur noch vier Kennzahlen, statt vorher 33!

- Die Höhe der Ausschüttungen.
- Der ETF-Wert zum Jahresanfang.
- Der ETF-Wert am Jahresende.
- Ausschüttungsart des ETF.

Das Wichtigste in Kürze
- Bei ausländischen ETFs werden in den Quellenstaaten, gemäß den meisten Doppelbesteuerungsabkommen, 15 Prozent auf ausländische Dividenden einbehalten.
- Bei Aktien-ETFs sind künftig 30 Prozent der Gesamterträge steuerfrei (sogenannte Teilfreistellung). Dazu zählen Pauschalen, Dividenden und Erträge aus dem Fondsverkauf. Bei Portfolio-ETFs sind nur 15 Prozent der Erträge steuerfrei. Auf alle anderen ETF-Klassen entfallen 26,375 Prozent Abgeltungssteuer (Solidaritätszuschlag inklusive). Darüber hinaus ist zusätzlich Kirchensteuer fällig.
- Für die Abgeltungssteuer gibt es künftig jährlich eine Pauschale. Diese

Pauschale wird von der Depotbank direkt an das Finanzamt abgeführt. Die Pauschale ergibt sich aus dem Wert des Fonds und dem Basiszinssatz.

- Vor allem die physisch-replizierenden ETFs machen dadurch bei der Steuererklärung deutlich weniger Arbeit.
- Seit 2018 gibt es keine Steuerstundung mehr für synthetische ETFs. Vorher waren Steuern erst fällig, wenn der ETF verkauft wurde.
- Schöpfe den Jahresfreibetrag von 801 Euro (1.602 bei Verheirateten) unbedingt aus! Solange Du diesen Betrag (über alle Deine Kapitalanlagen verteilt) nicht erreichst, zahlst Du keine Steuern auf Deine Kapitalerträge.
- Seit 2018 gibt es keinen Bestandsschutz mehr. Das heißt, dass Fonds, die vor 2009 erworben wurden, ihre Erträge ebenfalls versteuern müssen. Allerdings gibt es einen Freibetrag beim Verkauf von 100.000 Euro.
- Die Steuer auf Investmentfonds (und zwar auch bei thesaurierenden Fonds, die im Ausland aufgelegt sind) wird seit 2018 von der Depotbank berechnet und unmittelbar einbehalten. Das spart jede Menge Arbeit bei der Steuererklärung.
- Bei synthetischen ETFs entspricht der Basisertrag der Vorabpauschale, sollte dieser geringer als die Wertsteigerung des jeweiligen Jahres ausfallen. Ist der Basisertrag größer als die Wertsteigerung, so wird die Wertsteigerung als Vorabpauschale herangezogen.
- Bei ausschüttenden ETFs werden auch Dividendenerträge analysiert und auf die Vorabpauschale angerechnet. Ist die Dividende größer als die Vorabpauschale, wird nur diese besteuert (wenn der ETF keinen Wertzuwachs oder gar Wertverlust verzeichnet hat).
- Bei ETF-Sparplänen wird die Vorabpauschale anteilig berechnet.

»Das neue Investmentsteuergesetz »in a Nutshell«

Es werden nicht länger 26 bis 28 Prozent auf Erträge beim ETF-Verkauf angesetzt, sondern die Veräußerungsgewinne werden mit der über die Jahre entrichteten Vorabpauschale verrechnet. Die Konsequenz? Spätestens beim Verkauf des ETF werden unterschiedliche Steuerresultate bei thesaurierenden und ausschüttenden ETFs egalisiert. Im Durchschnitt kannst Du somit mit einer Steuerbelastung von ca. 15 Prozent rechnen.

Gerade das Thema Steuern hat mir früher viel Respekt eingeflößt. Meinen Beobachtungen nach geht das den meisten Menschen so, die sich bisher wenig bis gar nicht mit diesem Thema auseinandergesetzt haben. Doch es gibt gute Nachrichten. Zum einen kannst Du Dich dem Steuerriesen Turtur nähern, indem Du Dich damit beschäftigst, Deine Steuererklärung (am besten die ersten Male mit Hilfestellungen, z.B. von Steuervereinigungen) selbst erstellst und so Hemmungen abbaust.

Darüber hinaus helfen uns Depotanbieter und Onlinebanken bei der Steuererklärung erheblich. Nach Jahresende erstellen sie für Dich Jahressteuerbescheinigungen. Diese sind in der Regel in Deinem online-Postfach zu finden. Darin wird nicht nur die Höhe Deiner Kapitalerträge aufgelistet. In der Regel findest Du neben den Kapitalerträgen auch eine Angabe, in welcher Zeile der Betrag in der Anlage KAP Deiner Steuererklärung einzutragen ist. Damit wird der gefürchtete Kampf »Steuererklärung« zum Kinderspiel.

Die 10 Punkte Faul-
bär-Checkliste

»Der Arme muß lernen, sich selber zu helfen. Es kann ihm sonst niemand hel-
fen, und es hilft ihm sonst niemand.«

JOHANN HEINRICH PESTALOZZI

Immer wieder suche ich nach neuen Ideen, wie man die Praktikabilität und Antwendbarkeit vermeintlich trockener Finanzthemen gewährleisten und stetig verbessern kann. Schließlich ist es mein großes Ziel, Dir zu
zeigen, wie Du Deine finanzielle Zukunft erfolgreich gestalten kannst, ohne
dafür viel Zeit einsetzen zu müssen. Genau dafür hab ich die letzten Kapitel
entworfen. Ich habe sie so konzipiert, dass Du sie immer wieder zur Hand
nehmen und Deine Investitionen überprüfen kannst. Wir starten mit einer
einfachen Schritt-für-Schritt Checkliste, die Du beachten solltest, wenn Du
als ETF-Faulbär Millionär werden willst!

1. Welches Ziel verfolgst Du?
Passives (Neben-)Einkommen (ausschüttende ETFs) oder mittel- bis langfristiger Vermögensaufbau (thesaurierende ETFs)?

2. Welchen Anlagezeitraum hast Du im Blick?
Um den Aufwand so gering wie möglich zu halten mind. 5 Jahre.

3. Möchtest Du monatlich oder einmalig investieren?
Dynamischer ETF-Sparplan oder Direktinvestition(en). Wähle den dafür
optimalen (kostenlosen) Depot-Anbieter (z. B. aus dem Bonus-PDF).

4. Kennst Du Deine Investitionsparameter?

Alter, Renditepräferenzen und Risikobereitschaft.

5. Welche ETF-Klassen möchtest Du nutzen und wie aufteilen?

Wähle ETF-Klassen abhängig von Deinen Investitionsparametern.

6. Suche nach ETFs. Entsprechen sie Deinen Parametern?

ETF-Anbieter, Volumen, TER, Rendite, Diversifikation, etc.

7. Wie und wann möchtest Du Dein Portfolio neu gewichten?

Rebalancing für Faulbären einmal jährlich ausreichend.

8. Bist Du breit genug diversifiziert?

Reduziere unternehmerisches-, Branchen-, Länder- und Währungsrisiko durch ein ausgeglichenes Weltportfolio.

9. Hast Du einen Freistellungsauftrag für Dein Depot eingerichtet?

Am besten unmittelbar nach Depoteröffnung unter Angabe Deiner Steueridentifikationsnummer. Gib' Deine Kapitalerträge in Deiner Steuererklärung an. Ziehe bei Unsicherheit einen Steuerberater hinzu.

10. Halte Deine Füße still und sei passiv!

Überprüfe nicht ständig Deinen Portfoliowert. Dich einmal monatliche daran zu erfreuen reicht völlig. Je häufiger Du auf Dein Depot blickst, umso mehr wird Dein passives Einkommen zu aktivem und umso stärker involvierst Du Dich emotional. Letzteres führt nicht selten zu überhasteten Verkäufen und ist der Hauptgrund, weshalb die meisten Privatanleger an der Börse scheitern.

Solange Du diese Schritt-für-Schritt Checkliste einhältst, bist Du auf einem soliden Weg, als langfristig-strategischer Faulbär ein beachtliches Vermögen aufzubauen.

Mein Muster-ETF aus dem Focus-Money

»Der Arme muß lernen, sich selber zu helfen. Es kann ihm sonst niemand helfen, und es hilft ihm sonst niemand.«

JOHANN HEINRICH PESTALOZZI

Nachdem die Erstauflage dieses Buches 2017 großen Erfolg feierte, fragte mich 2018 das Finanzmagazin "Focus-Money" für ein Interview an. Es entstand eine 9-seitige Titelstory rund um das Konzept "Faulbär ETF-Sparen". Im Rahmen des Artikels erstellte ich für den ETF-Einsteiger ein einfaches ETF-Musterportfolio. Dieses Musterportfolio ist für alle Faulbär-Einsteiger gedacht, die einen einfachen Weg zum Wohlstand suchen. Es ist breit diversifiziert und kostengünstig Bitte beachte, dass ich für dieses Modell ausschließlich thesaurierende ETFs ausgewählt habe, die ihre Erträge automatisch wiederveranlagen. Damit eignet es sich vor allem für jene, die soliden Vermögensaufbau mit langfristigem Blick in die Zukunft realisieren wollen. Zur Diversifikation und Risikosenkung ist ein Renten-ETF beigemischt. Dieser kann alternativ, natürlich unter Inkaufnahme erhöhten Risikos, mit einem Aktien-ETF oder Unternehmensanleihen-ETF ersetzt werden.

Muster-ETF für Faulbären

- iShares MSCI Europe SRI
- iShares Core MSCI World UCITS ETF
- Amundi ETF MSCI Emerging Markets
- iShares Euro Government Bond 1-3yr UCITS ETF

Die 7 größten Fehler, die Du unbedingt vermeiden solltest!

*»Wenn bei guten Nachrichten der Kurs nicht weiter steigt,
sollten Sie verkaufen, und wenn bei schlechten Nachrichten der Kurs nicht
weiter fällt, sollten Sie kaufen.«*

BÖRSENWEISHEIT

Während der Recherchen für dieses Buch sind mir immer wieder Fehler aufgefallen, die gerade von Anfängern gemacht werden, die sich ein Vermögen und/oder ein passives Einkommen aufbauen wollen. Damit Du nicht in dasselbe Fettnäpfchen trittst, solltest Du diese Liste aufmerksam durchlesen. Die Tipps sind daher nicht ETF-spezifisch, sondern vielmehr als Tipps für die finanzielle Freiheit zu verstehen.

1. Du tust nichts und fängst einfach nicht an

Es ist immer noch besser, etwas Geld zu verlieren, als gar nichts zu tun. Beginne noch heute damit, aktiv zu werden. Du weißt nicht wie und wo? Beginne mit der Depoteröffnung und orientiere Dich an der Checkliste aus dem vorherigen Kapitel. Der Weg entsteht beim Gehen! Wenn Du den Zinseszins-Effekt verstanden hast, sollte Dir klar sein, dass das Schlechteste, was Du tun kannst, ist, zu spät anzufangen. Die meisten Privatanleger warten überdies auf den »perfekten« Kaufzeitpunkt. Mit ETF-Sparplänen umgehst Du diese Problematik.

2. Du bist zu reaktiv, statt proaktiv

Obwohl uns die Digitalisierung vieles vereinfacht, provoziert sie zugleich ein großes Problem: Lethargie und Reaktivität. Wirklich einkommensproduzierende Tätigkeiten sind niemals reaktiv, sondern immer proaktiv. Versuche daher, Deine reaktiven Tätigkeiten zu minimieren und mit proaktiven Tätigkeiten zu ersetzen. Statt Email, Facebook oder Instagram zu checken, zu telefonieren oder WhatsApp zu schreiben kannst Du Investieren, an Deinem Vermögensaufbau arbeiten, Schreiben, Lesen oder neue Businessideen ausprobieren.

3. Du lebst über Deinen Verhältnissen

Um finanziell frei zu werden, spielen Deine Ausgaben eine genauso große Rolle wie Deine Einnahmen. Wenn Du Dir also sukzessive ein größeres ETF-Portfolio aufbaust, aber trotzdem finanziell abhängig bleibst, lebst Du über Deine Verhältnisse. Damit es gar nicht erst soweit kommt, solltest Du auch Deine Ausgaben unter die Lupe nehmen. Es gibt unzählige Möglichkeiten, weniger Geld auszugeben und damit eine Instant-Rendite zu erzielen. Wenn Du wissen willst, wie, wirf einen Blick in meinen Spar-Ratgeber »Geld sparen und clever reich werden«. Ich finde ohnehin, dass Minimalismus die beste Strategie zur finanziellen Freiheit ist.

4. Du schaust ständig auf Deinen Kontostand

Ich weiß, gerade am Anfang ist es faszinierend, wenn die ersten Cent und Euro auf Dein Bankkonto gebucht werden. Da kann es schnell passieren, dass man mehrmals am Tag nachsieht, wie sich die Kurse entwickeln. Das ist jedoch nicht nur eine reaktive Tätigkeit, sondern kann bei schlechten Entwicklungen auch demotivieren. Außerdem beschäftigst Du Dich dabei ja wieder aktiv mit Deinem passiven Einkommen. Damit nimmst Du Dir ja genau die Freiheit, die Du Dir dabei bist, aufzubauen! Überlasse Deine Investments also sich selbst und schaue nicht mehr als einmal monatlich auf die Wertentwicklung.

5. Du hast unrealistische kurzfristige Erwartungen

Ein Investment braucht Zeit, um zu wachsen! Viele Menschen, die sich ein Vermögen aufbauen wollen, sind vor allem durch die eigenen finanziellen Schwierigkeiten motiviert. Das kann jedoch problematisch werden, weil Du sowohl auf Liquidität angewiesen bist, als auch zeitliche Ausdauer haben musst. Du musst beim ETF-Investment eine Position des passiven Faulbärs mit langfristigem Anlagehorizont einnehmen. Auf lange Sicht werden sich Deine Mühen auszahlen.

6. Du verfolgst keine Strategie und reinvestierst nicht

Die meisten von uns starten mit wenig Kapital. Das wichtigste Gut ist und bleibt daher unsere Zeit. Die Zinseszins-Lawine braucht Zeit und am besten einen stetigen Schneefall (monatliche Zahlungen). Kapitalinvestitionen versprechen, bei minimalem Zeitinvestment, die höchsten Renditen über die Zeit. Aber nur, wenn Du Dein Kapitel reinvestierst. Nur so kannst Du die »Wartezeit« zur finanziellen Freiheit exponentiell verringern!

7. Du verkaufst zu häufig oder vergisst das Rebalancing

Verluste werden erst realisiert, wenn Du Deine ETF-Anteile verkaufst. Wähle daher Deine Verkaufszeitpunkte klug und sitze Kursverluste und Finanzkrisen aus. Nur so kannst Du als Faulbär Millionär werden. Außerdem solltest an ein regelmäßiges Rebalancing Deines ETF-Portfolios denken, damit es langfristig Deinen Risikopräferenzen entspricht und ausgeglichen bleibt. Wann Du tätig werden solltest? Als Faulbär werde ich am Jahresende tätig, wenn meine Portfolioanteile mehr als 10% von Risikoparametern abweichen. Wenn Du hier vorsichtiger bist, ist die 5%-Marke eine gute Orientierung. Auf der anderen Seite solltest Du zu häufiges Rebalancing vermeiden, da dadurch hohe Transaktionskosten entstehen können. Die Entscheidung, ob Du Anteile ver- bzw. zukaufst, solltest Du anhand der addierten Orderkosten festmachen und die kostengünstigere Variante auswählen. Die Kosten sind gleich hoch? Dann kaufe immer zu!

Sei ängstlich, wenn andere gierig sind. Sei gierig, wenn andere ängstlich sind.

WARREN BUFFET

Der ETF-Faulbär Lifestyle

»Man soll nicht aufhören, bevor es am schönsten ist.«

WALTER LUDIN

Fast ein Jahrzehnt habe ich mich mit den tiefer liegenden Problematiken des herrschenden Geld- und Finanzsystems auseinandergesetzt. Als Volkswirtschaftler hat mich immer interessiert, weshalb sich Finanzkrisen, wenn doch in der volkswirtschaftlichen Modellwelt alles reibungslos zu funktionieren scheint, immer wieder auf dieselbe Art und Weise ereignen. Finanzkrisen, die gerade den »kleinen Mann« Geld kosten. Entweder durch direkte oder indirekte Verluste seiner Investitionen am Finanzmarkt (Lebensversicherungen, Aktien, etc.), oder durch Steuergelder, die für die Rettung sogenannter »Krisenstaaten« aufgewendet werden. Geld, das in Wahrheit den großen (deutschen) Privatbanken dieser Welt zukommt, die Staatsanleihen dieser Länder hielten und damit enorme (im Nachgang risikolose) Renditen erzielten.

Nach langjährigen Recherchen stieß ich auf einen Zusammenhang zwischen den regelmäßigen Finanzkrisen und der Konstruktion des Geld- und Finanzsystems. Ein problematischer Aufbau, der dazu führt, dass 99 Prozent der Menschen sukzessive ärmer werden muss, während das reichste Prozent der Bevölkerung im Übermaß davon profitiert. Daraufhin führte ich über einige Jahre einen erbitterten Kampf gegen das System. Ich bin nach wie vor davon überzeugt, dass nur eine grundlegende Veränderung des Geld- und Finanzsystems eine Welt begünstigen kann, in der Geldvermögen – und damit politische Macht – fairer zwischen allen Menschen verteilt werden. Um auch die sozialen und ökologischen Missstände auf unserem Globus zu reduzieren, wäre sogar eine Veränderung der globalen Wirtschaftsordnung vonnöten. Ein Beispiel könnte eine globale Steuer auf die soziale und ökologische Verträglichkeit von Produkten zu erheben. Je schädlicher ein Produkt ist, und je mehr Ressourcen es dem Boden entreißt, umso teurer müsste es aus meiner Sicht sein.

Als David hat man jedoch gegen die »Goliaths« der finanziell und politisch Supermächtigen keine Chance. Der einzig wirklich praktikable Weg, für eine verteilungsgerechtere Welt zu kämpfen, scheint mir seit dieser Erkenntnis, dem »kleinen Mann« zu zeigen, wie auch er wohlhabend und vermögend werden kann. Nur so können wir uns, die 99 Prozent, einen Teil des großen Kuchens zurückholen. Das ist das hehre Ziel, das ich mit diesem Buch verfolge. Ich wünsche mir, dass auch Du mit diesem Geld zukünftig nicht nur materielle Güter anhäufst, sondern gute, nachhaltige, ethisch-vertretbare Projekte förderst, einen Teil für wohltätige Zwecke spendest und jenen Menschen zukommen lässt, die wahrlich finanzielle Unterstützung benötigen. Menschen, die, im Gegensatz zu Dir und mir, nicht mit dem Glück gesegnet wurden, im wohlhabenden Teil der Welt geboren worden zu sein.

In diesem Sinne wünsche ich Dir allen erdenklichen Erfolg dabei, schon bald im Faulbär-Modus vermögend zu werden. Bei Fragen kannst Du Dich jederzeit an mich unter ck@klhe.de wenden. Damit Du Dich auch mit anderen Lesern austauschen kannst, habe ich die Facebook-Gruppe »Die Faulbär-Strategie zur Million – Community für ETF-Investoren« für Strategien, Tipps und Tricks ins Leben gerufen.

Mit den besten Wünschen
Christopher

PS: Seit der Erstauflage dieses Buches 2017 haben mich hunderte Emails und Rückmeldungen erreicht. Ich kann nach wie vor kaum fassen, wie vielen Menschen dieses Buch zu einer neuen finanziellen Lebensgestaltung helfen konnte. 2018 habe ich deshalb einen weiterführenden Onlinekurs für angehende ETF-Investoren entwickelt. Als Leser erhältst Du einen Rabatt, wenn Du den Kurs über folgenden Link erwirbst (Rabattcode: FINANZ-20): https://bit.ly/2DcwdPD.

Konntest Du etwas lernen?

Jetzt kommen wir zu dem Teil des Buches, in dem ich Dich um einen kleinen Gefallen bitte. Solltest Du es nicht bereits wissen, Rezensionen sind ein extrem wichtiger Bestandteil von Produkten. Kunden verlassen sich auf Deine Rezensionen, wenn sie Kaufentscheidungen treffen. Deine Rezensionen helfen meinen Büchern innerhalb eines schon fast überfüllten Amazon-Marktplatzes, sichtbarer zu werden.

Solltest Du Gefallen an diesem Buch und/oder es hilfreich gefunden haben, wäre ich Dir sehr dankbar für Deine Bewertung. Um eine Bewertung zu hinterlassen, klicke auf den Link (*https://amzn.to/2RoEt7X*) und bewerte das Buch mit einigen kurzen Sätzen. Schreibe, was Du davon gehalten hast, was Dir ganz besonders gut gefallen hat und natürlich auch, solltest Du etwas vermisst haben.

> **Kundenrezension verfassen**

Ich lese jede Bewertung und jedes persönliche Feedback (ck@klhe.de). Das hilft mir schließlich dabei, meine Bücher stetig zu verbessern. Daher wäre ich Dir sehr dankbar, wenn Du dieses Buch offen und ehrlich bewertest.

Vielen herzlichen Dank nochmal für Deine Geduld und Unterstützung
Chris

Weitere Titel von KLHE finance

216 Seiten
ISBN 978-3947061334
Auch als eBook und Hörbuch erhältlich

Eine einzigartige Schritt-für-Schritt Anleitung zu finanzieller Freiheit und sicherem Vermögensaufbau durch passives Einkommen!

152 Seiten
ISBN 978-3947061365
Auch als eBook oder Hörbuch erhältlich

Verstehe die Blockchain-Technologie und lerne strategisch in Kryptowährungen zu investieren.

168 Seiten
ISBN 978-3-947061-48-8
Auch als eBook oder Hardcover erhältlich

Mache Dich jetzt mit uns auf die Reise und pflanze einen Geldbaum, der im Laufe der Jahre immer größere und saftigere Früchte abwerfen könnte.

180 Seiten
ISBN 978-3947061303
Auch als eBook oder Hardcover erhältlich

Investieren ohne Raubbau an der Natur oder Waffengeschäfte? Ganz ohne Verzicht auf Rendite? Ökoethinvesting!

132 Seiten
ISBN 12345678998
Auch als Hörbuch oder Hardcover erhältlich

Familie Zufall beschließt, endlich aus dem Hamsterrad auszubrechen. Mithilfe der Strategien von Karl Kulation gelingt Ihnen die Flucht aus der Tretmühle.

148 Seiten
ISBN 978-3947061464
Auch als eBook oder Hardcover erhältlich

Unser Geldsystem provoziert Finanzkrisen und macht uns alle sukzessive ärmer, kränker und unzufriedener.
Verstehe das Hamsterrad unserer Zeit.

120 Seiten
ISBN 978-3947061433
Auch als eBook oder Hörbuch erhältlich

Der letzte Sparratgeber, den Du jemals lesen wirst. Funktioniert sogar, selbst wenn Du wenig verdienst!

168 Seiten
ISBN 978-3947061372
Auch als eBook oder Hardcover erhältlich

Ein verständlicher, solider Einstieg in die Welt der Aktien. Lerne anhand konkreter Strategien, ein Vermögen aufzubauen.
Inklusive Dividendenchampions!

KLHE *finance*